Peter Bichsel
Der Leser. Das Erzählen

Frankfurter Poetik-Vorlesungen

Suhrkamp

Die Originalausgabe erschien erstmals 1982
als Band 438 der Sammlung Luchterhand
Umschlagfoto: Yvonne Böhler

suhrkamp taschenbuch 2643
Erste Auflage 1997
Suhrkamp Taschenbuch Verlag

Druck: Nomos Verlagsgesellschaft, Baden-Baden
Printed in Germany
Umschlag nach Entwürfen von
Willy Fleckhaus und Rolf Staudt

1 2 3 4 5 6 – 02 01 00 99 98 97

Der Leser. Das Erzählen

Für Siegfried Unseld

1. Vorlesung

Geschichten über Literatur

Die Schwierigkeiten, die die Schriftsteller mit der Germanistik, mit der Literaturhistorik haben, liegen wohl auch darin, daß die Literaturhistoriker Literatur immer wieder zu etwas Bedeutendem erklären. Sie schlagen damit dem Schriftsteller jene Hintertüre zu, durch die Literatur nur gehen kann. Literatur ist darauf angewiesen, Unbedeutendes tun zu dürfen.

Fünf Stunden über Literatur sprechen: da werde ich wohl nicht darum herumkommen, auch den Anschein von der Bedeutung der Literatur zu erwecken. Ich entschuldige mich dafür zum voraus und schäme mich.

Was ich Ihnen anbieten kann, sind Behauptungen – und ich behaupte nicht etwa, weil ich etwas weiß. Meine Behauptungen haben ihren Ursprung in der Unsicherheit.

Ich bin ein Wenigschreiber, das ist nichts Besonderes. Wenigschreiber gibt es viele, aber ich bin eben der Wenigschreiber, der nun hier steht und über das Vielschreiben sprechen soll. Ein bißchen peinlich ist mir das schon.

Ich hätte nun vielleicht zu begründen, warum ich hier stehe. Das kann ich nicht. Gestatten Sie mir, es einen Zufall zu nennen, vielleicht einen Irrtum. Ich weiß, ich hätte ihn verhindern können, ich habe das auch einige Zeit versucht. Immerhin, es muß Gründe geben, daß ich ihn nicht verhindert habe. Gestatten Sie mir, diesen Gründen nicht nachzugehen.

Vielleicht hat es mit dem Umstand zu tun, daß unsere

Gesellschaft zwar keine Literatur, aber eben Schriftsteller nötig hat. Schreiben müssen die Schriftsteller nicht, weil wir Geschriebenes nötig haben; sie müssen nur schreiben, um Schriftsteller zu werden, weil man eben so etwas wie Schriftsteller zu brauchen glaubt. Der Titel meiner Vorlesung ist ein Verlegenheitstitel. Ich habe ihn einmal genannt, bevor ich mich mit dieser Aufgabe zu beschäftigen begann. Ich dachte, wenn ich das, was ich hier sagen werde, Geschichten nenne, sei es harmloser und unverbindlicher und würde mir gestatten, mir selbst zu widersprechen und unexakt zu sein. Erst während der Arbeit ist mir eingefallen, daß der Titel auch direkter verstanden werden könnte: nämlich so, daß man über all jene Geschichten sprechen kann, die sich in der Literatur mit der Literatur befassen. Allerdings käme dann schnell die Frage: Welche Geschichte befaßt sich nicht damit – oder: Gibt es eine Literatur ohne Reflexion? Und heißt Reflexion nicht auch immer »Über sich selbst?« Ist Literatur nicht immer auch Literatur über Literatur?

Oder anders: Ist der sogenannte »erste Dichter«, Homer, wirklich nur einer, der eine Geschichte erzählt? Reflektiert er nicht schon über das Geschichtenerzählen, über das Schreiben während des Schreibens?

Auch er, so scheint mir, stammt aus einer literarischen Tradition. Literatur entsteht nur in der Literatur – da gibt es keinen Ersten, da gibt es nur die reflektierenden Nachahmer. Und nicht Realität wird nachgeahmt, sondern die Situation des Erzählens. Das Erzählen, nicht sein Inhalt ist das Ziel der Literatur. Eine Geschichte ist immer auch eine Geschichte über eine Geschichte. Wenn ich mündlich etwas erzähle, meiner Frau zum Beispiel, dann erzähle ich ja nicht einfach nur der Reihe nach, was geschehen ist. Würde ich das tun, nach einer Reise etwa, würde sie schnell fragen: »Warum erzählst du mir das – was soll denn das?« Wenn ich aber nicht nur die Stationen der Reise aufzähle, wenn ich zu formen beginne, wähle ich auch schon aus: zu meinen Gunsten und zugunsten der Geschichte, und meine Angehörigen kennen mich zu gut, als daß sie meine Fantasiererei nicht merken würden. Sie mögen das zwar, aber ich lasse das Erzählen vorerst mal sein und schäme mich, daß ich die Reise nicht genau und ohne jede Zutat nacherzählen kann. Ich fürchte mich auch, meine Angehörigen könnten annehmen, sie seien mir als Zuhörer zu wenig wert, und werde ganz verkrampft: die Impotenz des Erzählers.

Einem Ehepaar, das in aller Freundschaft und Freundlichkeit kaum mehr zusammen spricht, fehlen nicht etwa die Inhalte, dem sind die Geschichten abhanden gekommen. Vor zehn Jahren noch hatte man sich Geschichten für tausend und eine Nacht zu erzählen: sie waren wahr als Selbstdarstellung. Nun ist man sich zu nah, und wer eine Geschichte erzählt, könnte vom Inhalt überführt werden. Die Verliebtheit, die das Geschichtenerzählen möglich und nötig gemacht hat, war auch etwas Irreales und hat die Stimmung geschaffen für irreale Geschichten. Einen Geschichtenerzähler tötet man damit, daß man ihn auf Realität verpflichtet. Der Realitätsbezug ist dem Ernst des Erzählers zu überlassen.

In einer Buchhandlung in Bergen stand letzte Woche ein zwölf-, dreizehnjähriger Junge und erkundigte sich nach den Werken von Nostradamus. Eigentlich eine wahnsinnige Szene: ein kerngesunder, fußballfreundlich aussehender Junge möchte nachlesen, was es auf sich hat mit den Weltuntergangsprognosen für den kommenden 15. März. Der Junge machte mitnichten einen verängstigten Eindruck; er zitterte nicht, als er nach Nostradamus fragte. Offensichtlich fragte er nicht nach dem Weltuntergang, wie ihm das von der »Bildzeitung« angepriesen worden war, sondern nach Literatur. Ob sich dann die Welt so verhält, wie das die Literatur vorschlägt, das ist eine andere Sache. Die kann man abwarten.

Ob das Fatalismus ist oder Optimismus – ich weiß es nicht. Jedenfalls ist es eine Haltung, die es ermöglicht, daß Gedichte geschrieben werden und Geschichten.

Die Frage »Kann man nach Auschwitz noch Gedichte schreiben?« war immer angebracht. Kann man es unter der Bedrohung durch die Atombombe, dem Zynismus der Politiker und ihrer Neutronenbombe, kann man es unter den Bedingungen von Arbeitslosigkeit und Hunger?

Die Frage konnte immer mit gutem Recht mit Ja oder mit Nein beantwortet werden. Es gibt bestimmt auf dieser Welt Wichtigeres zu tun, als über Literatur zu schwatzen. Man kann es höchstens trotzdem tun.

Aber die Frage ist berechtigt. Es ist im Grunde genommen die Frage nach der Verantwortungslosigkeit des Geschichtenerzählens. Kann man Verantwortungsloses tun in dieser Zeit, die Verantwortung nötig hätte?

Trotzdem ist diese Frage, so gestellt, falsch, weil es eine Frage nach dem Inhalt und dem Zweck von Geschichten ist und nicht die Frage, die wesentliche Frage, woher kommt überhaupt die Lust oder der Zwang der Menschen zum Geschichtenerzählen, ganz unabhängig vom Inhalt. Das Kind, das eine Geschichte erzählt haben will, das will ja vor allem erst mal erzählt haben. Der notwendige Inhalt ist der Träger der Erzählung; nicht die Erzählung ist der Träger des Inhalts. Er mag aktuell sein: Ängste und Klagen über Katastrophen, Ungerechtigkeit, Böses und Gutes, und er kann und wird pädagogisch sein. Aber das allein begründet diese eigenartige Erfindung der Menschen noch nicht: Geschichten, Geschichtenerzählen.

Es befaßt sich mit etwas anderem als die humane Wissenschaft, als Politologie, Soziologie und Psychologie, mit etwas grundsätzlich anderem auch als die Literaturhistorik. Geschichtenerzählen befaßt sich mit einer Selbstverständlichkeit: daß es Zeit gibt und daß wir unser Leben als Zeit erleben. Geschichtenerzählen ist Umgehen mit der Zeit, und daß wir unser Leben als Zeit erleben, hat damit zu tun, daß unser Leben endlich ist und auch damit, daß das Leben unserer Freunde endlich ist.

Natürlich ist die Angst vor dieser Endlichkeit überwindbar; Religion und Philosophie bieten die Werkzeuge dazu an. Was bleibt, ist die Traurigkeit über die Endlichkeit. Traurigkeit ist nicht überwindbar. Sie kann abgelehnt werden oder angenommen, und Geschichtenerzählen hat etwas damit zu tun, Trauer anzunehmen. Die selbstverständliche Traurigkeit der Menschen macht sie zu Geschichtenerzählern. Ohne Zeitbegriff gäbe es keine Geschichten. Wer keine Neigung zur Traurigkeit hat, der ist für die Literatur verloren. Vielleicht taugt er noch einigermaßen zum Schreiber, zum Leser taugt er ganz sicher nicht. Die Welt der Literatur ist die Welt der Sentimentalen.

Wenn meine Mutter sagte »Was machst du wieder für Geschichten«, »Was sind das für Geschichten«, »Mach keine Geschichten«, dann war das einerseits ein Zeichen ihres Entsetzens – »So was tut man nicht« – andererseits aber schon die Ankündigung, daß meine »Geschichten« letztlich verzeihlich waren. Für groben Unfug hatte sie andere Formulierungen, und mit »Geschichten« meinte sie nicht etwas Literarisches, bestimmt nicht. Sie meinte damit etwas, was entstand ohne meine volle Verantwortung – eben ein Geschehnis, etwas, das geschieht, eine Geschichte.

Immerhin, der Verdacht besteht, daß der Begriff »Geschichte« aus der Literatur entliehen ist. Eine Geschichte – auch das war in der Bemerkung meiner Mutter enthalten – ist nie so schlimm wie die Realität. Eine Geschichte trägt die Besänftigung der Welt in sich. Sie ist – und das ist oft ärgerlich – tröstlich. Was eine Form findet, verliert die chaotische Gefährdung. »Was machst du wieder für Geschichten« hieß auch: »Wir werden schon eine Form finden, in die das reinpaßt.«

Während ich Geschichten erzähle, beschäftige ich mich nicht mit der Wahrheit, sondern mit den Möglichkeiten der Wahrheit. Solange es noch Geschichten gibt, so lange gibt es noch Möglichkeiten. Deshalb basiert die Frage an den Geschichtenerzähler, ob seine Geschichte wahr sei, auf zwei Irrtümern.

Der erste Irrtum: es gibt keine Geschichte, die nicht Wahrheit enthalten würde, und es gibt im Prinzip keine Erfindungen. Die menschliche Fantasie ist begrenzt durch all das, was es gibt. In der Technik nennt man das

Naturgesetze; für den Geschichtenerzähler mag ich es nicht benennen.

Der zweite Irrtum: Sprache kann nie wiedergeben, was eigentlich ist, sie kann Realität nur beschreiben. Die Personenbeschreibung eines Augenzeugen zum Beispiel ist nicht etwa deshalb ungenau, weil er kein gewandter Schriftsteller ist. Der Augenzeuge kann ein noch so guter Beobachter sein, er wird mit Sprache den Täter optisch nicht fixieren können. Wichtig für den Bericht des Augenzeugen ist ja nicht nur das, was er gesehen hat. Genau so wichtig sind seine zusätzlichen Erfahrungen: seine Beschreibung ist von allem abhängig, womit er die Person des Täters vergleichen kann.

Was René Magritte unter die realistische Zeichnung einer Tabakpfeife geschrieben hat – »Ceci n'est pas une pipe«: »Das ist keine Pfeife« – müßte ein Schriftsteller hinter jedes seiner Wörter schreiben. Wenn er etwa das Wort »Baum« zu Papier bringt, müßte er gleich dazusetzen: »Das ist kein Baum«, denn das Wort »Baum« auf einem weißen Blatt Papier gleicht in nichts einem Baum. Ich denke dabei auch an die ungelenken Buchstaben eines Erstkläßlers, der für sich allein zu Hause mal ausprobiert, was er schon schreiben kann, und plötzlich steht das Wort »Baum« vor ihm. Er hat damit vom Baum mehr Besitz ergriffen, als wenn er ihn gezeichnet hätte, weil er ihn mit dem Wort ganz vom System Baum weggenommen und in ein anderes System – Sprache – integriert hat. Wenn er den Baum nur zeichnet, dann ist das eben auch kein Baum, aber es wird ihm nicht so auffallen.

Psychologen behaupten, daß ein total Sprachloser auch nicht zeichnen könne. Nur die Sprache, das

Sprachsystem könne »typisch« und »untypisch« voneinander unterscheiden. Das aber heißt: wer das Wort »Baum« nicht kennt, kann einen Baum nicht als typischen Baum erkennen. Das Wort »Baum« ist eine wichtige Aussage über eben dies, was wir als »Bäume« bezeichnen.

Ich weiß, das ist Hauseckenphilosophie, an und für sich wohl schon bekannt und ziemlich unexakt. Ich wollte damit nur noch einmal feststellen, daß mich nichts anderes als die Buchstaben zum Schriftsteller gemacht haben: weder ein Leiden noch ein Anliegen noch eine pädagogische Absicht – vorerst nur die Buchstaben. Deshalb behaupte ich auch, daß es ohne Schrift keine Geschichten gibt, die Schrift hat den Menschen zum Erzähler gemacht. Ich weiß, daß es nicht so sein kann, aber ich empfinde es so. Vielleicht empfinde ich es noch stärker als Schweizer, der in einer Kunstsprache – genannt Schriftdeutsch – schreibt.

Vorerst also eine Geschichte zum Wahrheitsgehalt von Geschichten.

Als ich vor vier Jahren in Bali war, begann mich der balinesische Hinduismus zu interessieren. Er hat sich zweitausend Jahre unabhängig vom indischen Hinduismus entwickelt und zu einer faszinierenden humanen Form gefunden. Ich habe selbst eine religiös pietistische Vergangenheit, die ich ganz schön verdrängt hatte; in Bali packte es mich wieder. Der Aufenthalt endete im übrigen mit einer fluchtartigen überstürzten Abreise: ich fürchtete mich davor, Hindu werden zu müssen.

Als ich entdeckte, oder als mir erklärt wurde, daß der Hinduismus eine pädagogische Religion sei, nämlich insofern, als die beste »gute Tat« eines Hindus darin besteht, einem anderen etwas zu erklären, da verlor ich meine Hemmungen und begann mit Fragen, und als die Leute hörten, daß ich einer sei, der fragt, kamen sie alle an und wollten antworten.

Ein junger Balinese wurde mein Hauptlehrer. Eines Tages fragte ich ihn, ob er denn glaube, daß die Geschichte vom Prinzen Rama – eines der heiligen Bücher der Hindus – wahr sei.

Ohne zu zögern, antwortete er mit »Ja.«

»Du glaubst also, daß Prinz Rama irgendwann irgendwo gelebt hat?«

»Das weiß ich nicht, ob der gelebt hat«, sagte er.

»Dann ist es also eine Geschichte?«

»Ja, es ist eine Geschichte.«

»Und dann hat wohl jemand diese Geschichte geschrieben – ich meine: ein Mensch hat sie geschrieben?«

»Sicher hat sie ein Mensch geschrieben«, sagte er.

»Dann könnte sie ja auch ein Mensch erfunden haben«, antwortete ich und triumphierte, weil ich dachte, ich hätte ihn überführt.

Er aber sagte: »Es ist gut möglich, daß einer die Geschichte erfunden hat. Wahr ist sie trotzdem.«

»Dann hat also Prinz Rama nicht auf dieser Erde gelebt?«

»Was willst du wissen?« fragte er. »Willst du wissen, ob die Geschichte wahr ist, oder nur, ob sie stattgefunden hat?«

»Die Christen glauben, daß ihr Gott Jesus Christus auf der Erde war«, sagte ich, »im Neuen Testament ist das von Menschen beschrieben worden. Aber die Christen glauben, daß dies die Beschreibung von Wirklichkeit ist. Ihr Gott war wirklich auf der Erde.«

Mein balinesischer Freund überlegte und sagte: »Davon hat man mir schon erzählt. Ich verstehe nicht, warum es wichtig ist, daß euer Gott auf der Erde war, aber mir fällt auf, daß die Europäer nicht fromm sind. Stimmt das?«

»Ja, es stimmt«, sagte ich.

Und eine zweite und dritte Geschichte zum Wahrheitsgehalt von Geschichten: Ich erinnere mich, und die meisten unter Ihnen werden sich an Ähnliches erinnern, daß ich als Zehnjähriger einen Roman schreiben wollte. Ich begann in einem Schulheft schön mit dem Titel, den ich heute nicht mehr weiß; die Geschichte sollte im Wald handeln, und eine Kräuterfrau sollte eine Rolle spielen, und drei Buben sollten ihr Haus im Wald finden und so weiter, aber aus der Geschichte wurde nichts. Nach fünf Seiten kam sie ins Stocken. Es fiel mir nichts mehr ein. Gescheitert bin ich ganz einfach – wie später noch oft und hie und da auch heute noch – an dem Mißverständnis, daß Geschichten erfunden werden. Ich hatte einfach drei Buben genommen und ihnen drei Namen gegeben. Keiner der drei war ich selbst, und keiner glich auch nur irgendwie einem Nachbarskind von mir.

Und weiter: wenn sich ein Jüngling seine Idealfreundin vorstellt, im Bett vor dem Einschlafen zum Beispiel, dann wird er bald merken, daß er sich eine Frau, die er noch nie gesehen hat, gar nicht vorstellen kann. Wenn er hartnäckig bei seinem Versuch bleibt, nur zu erfinden, wird sie weder schön noch lieb noch angenehm. Schließlich muß er sich doch für eine reale Figur entscheiden. Vielleicht kann er sie sich ein bißchen intelligenter denken, ein bißchen sanfter, ein bißchen schlanker oder ein bißchen verworfener, aber seine Fantasie ist wie alle menschliche Fantasie begrenzt. Ich würde gern sagen, er könnte auch aus drei verschiedenen Frauen eine vierte ideale zusammensetzen; aber ich fürchte, schon das übersteigt die menschliche Fantasie. Seine Idealvorstellung wird er dann doch mit Namen bezeichnen müssen: Monika, Barbara, Marilyn Monroe.

Wie kann man unter diesen Umständen auf die Idee kommen, daß eine Geschichte erfunden sein könnte, daß eine Geschichte nur dann wahr ist, wenn sie dekkungsgleich mit der Realität ist? Einem Schriftsteller – einem Stadtschreiber von Bergen zum Beispiel – werden in der Kneipe dauernd Geschichten angeboten: Lebensgeschichten, Abenteuer. Sie sind, so glaube ich, in der Regel zwar wahr, aber sie sind zu unwahrscheinlich, als daß ich etwas damit anfangen könnte.

Das kleine bißchen Fantasie, das ich besitze, kann nur am Gewöhnlichen funktionieren, am Außergewöhnlichen nicht.

Ich weiß, daß ich damit am allgemeinen Leserbedürfnis vorbeischreibe. Der Leser – unter Umständen selbst der Leser, der mich liest – hat dauernd andere Erwartungen. Es ist ein erstaunliches, ein amüsantes und erfreuliches Phänomen, daß die Literatur seit je mit fast bösartiger Konsequenz an den Vorstellungen ihrer Leser vorbeischreibt. Der Leser macht dann auch ab und zu und immer wieder entsprechende Vorwürfe – allerdings nur der zeitgenössischen Literatur. In der Regel hat er die Vorstellung, daß eine frühere Literatur ganz anders war: »Warum schreibt ihr nicht so schöne Geschichten, wie sie Goethe geschrieben hat?«

Meine Goethe-Vorstellung ist zwar blödsinnigerweise ähnlich. Wenn ich ihn lese – ich denke jetzt an den Goethe der »Wahlverwandtschaften« oder der »Wanderjahre« –, finde ich auch hier einen Autor, der Lesererwartungen nicht erfüllt und die schönen Geschichten nicht schreibt. Und weil ich die »Wanderjahre« erst kürzlich gelesen habe, kann ich mich zu der Behauptung versteigen, daß die »Wanderjahre« nicht verständlich wären, wenn man nicht durch James Joyce auf die Lektüre vorbereitet worden wäre.

Die Einsicht, daß Literatur schon immer an Lesererwartungen und Leservorstellungen vorbeigeschrieben hat, wäre freilich noch lange kein Grund, es weiterhin zu tun. Ich würde auch gern verschweigen, warum wir es trotzdem tun; vielleicht komme ich darauf zurück. Zunächst möchte ich fragen, woher bestimmte Lesererwartungen – grundlose und nie erfüllte Erwartungen – überhaupt kommen.

Die wenigsten Leute auch in unseren Breitengraden sind Leser. Leser sind etwas sehr Seltenes. Die Bedeutung der Literatur und die Umsätze des Buchhandels ergeben bestimmt und trotz allem ein falsches Bild. Würden wir nun davon ausgehen, daß es nur diese wenigen Leser gibt, könnten wir uns mit ihren Leseerwartungen befassen und es dabei bewenden lassen. Eigenartigerweise haben aber auch Nichtleser eine Vorstellung von Literatur; zum Beispiel gibt es Nichtleser, die die Literatur durchaus wichtig finden und denen es lieb ist, daß Autoren schreiben. Alle, Leser wie Nichtleser, haben also ihre Vorstellungen von der Literatur und stellen

Forderungen an sie. Sie haben das Gefühl, daß das, was sie dauernd suchen und nirgends finden, in eben dieser Literatur vorhanden ist oder sein könnte. Sie haben – nebenbei bemerkt – auch das Gefühl, daß der Schriftsteller vielleicht so lebt, wie sie leben möchten. Deshalb wohl bezeichnen sie den Berufsschriftsteller als »freien« Schriftsteller. Zum Berufskunstmaler oder Berufsmusiker fällt ihnen der Zusatz »frei« eigenartigerweise nicht ein.

Was suchen sie dauernd, die Leser und Nichtleser?

Behauptung: der Mensch, der – auch auf der untersten intellektuellen Stufe – ein reflektierendes Wesen ist, es auch sein kann und sein will, leidet doch darunter, daß ihn die Reflexion daran hindert, original, erstmalig und einmalig leben zu können. Er sucht das Originalerlebnis. Eine riesige Industrie, die Millionen von Menschen dauernd von einem Land zum andern, von einem Kontinent zum anderen deportiert – ich meine die Touristikindustrie –, hat sich die Sehnsucht nach dem Originalerlebnis zunutze gemacht. Was sie in ihrer Werbung verspricht, das sind Originalerlebnisse, Abenteuer, Fremdes – also Erstmaliges.

Niemand aber, und das ist der Haken, kann zum Beispiel das Matterhorn noch zum ersten Mal und einmalig sehen. Das Matterhorn ist längst – ohne seine Schuld – zum Kitsch geworden: Es gleicht seinen Abbildern zu sehr. Die Ahs und Ohs der Betrachter sind der erbärmliche Versuch, doch noch auf jenen Emotionspegel zu kommen, den man zum voraus von sich erwartet hat. Aber gerade dieses »zum voraus« verhindert das Originalerlebnis. Jedermann hat dieselben Vorinformationen über das Matterhorn; die Erschütterung kann nicht stattfinden. Ein einfacheres Beispiel: wenn der elfjährige Hansli hinter dem Schulhaus das Vreneli küßt, zum ersten Mal in seinem Leben ein Mädchen küßt, dann wird das für ihn erschütternd sein. Vielleicht schläft er zwei, drei Nächte nicht. Das Gemeine ist nur – und dafür ist er nicht verantwortlich –, daß ihm während des Küssens einfällt: »Aha, das ist jetzt das, wovon der Fritz gesprochen hat.« Ganz so überwältigend, ganz so original, wie er sich das gedacht hat, ist der erste Kuß also nicht – und zwar gerade deshalb, weil er sich das vorgestellt hat und vorgestellt bekommen hat.

Nun kann man allerdings, was das Matterhorn betrifft, den Nervenkitzel erhöhen und den Berg besteigen. Aber auch da gibt es Vorinformationen über Heldentum und Durchhalten, Bergsteigergeschichten und Bergsteigeridyllen. Etwas originaler als das Anschauen wird das Klettern schon sein, original genug immer noch nicht.

Es ist möglich, ich will und kann das nicht untersuchen, daß diese Sehnsucht nach dem Originalerlebnis bei verschiedenen Volksgruppen verschieden groß ist. Es ist möglich, daß dies ein besonders germanisches Problem ist. Der besondere deutsche Massentourismus könnte ein Hinweis sein.

Daraus könnte man dann folgern, daß die sogenannte Todessehnsucht eine Folge des Suchens nach einem Originalerlebnis sein könnte. Den Tod, diese Tausendstelsekunde des Übergangs, bestreitet jeder ohne Vorinformationen – zum mindesten glauben wir das. Andererseits erzählte mir ein Freund, der im Krieg die Menschen sterben sah, daß viele versucht hätten, genau so wie im Film zu sterben: mit demselben heldischen Pathos, denselben Bewegungen, oft denselben Worten. Den Film hatten sie im Frontkino gesehen.

Der Satz von Oscar Wilde, daß es weit öfter vorkomme, daß das Leben die Kunst nachahme als umgekehrt, ist hier angebracht. Es gibt nun allerdings eine Literatur, die den Anschein erweckt, sie vermittle Originalerlebnisse. Wir bezeichnen sie als Trivialliteratur: Simmel und Konsalik etwa. Eine der erfolgreichsten Kioskserien – verfaßt von vielen Schreibern – waren vor Jahren Heftchen mit dem Obertitel »Wahre Geschichten«. Damit wurde die Lesererwartung genau getroffen. Denn wenn es schon keine Originalerlebnisse gibt, wenn nicht nur die Konstitution des Menschen sie verhindert, sondern auch jede Wissenschaft, jedes berufliche Tun: müßte es dann nicht die humane Aufgabe der sogenannten »Freien«, der »freien« Schriftsteller also sein, Originalerlebnisse herzustellen?

»Tatort« heißt eine beliebte Kriminalfilm-Serie im Fernsehen. Vorgeführt werden erfundene Geschichten, aber sie laufen unter einem Titel, der Hautnähe und Wahrheit verspricht. Das Erlebnis des Täters zum mindesten erscheint als Originalerlebnis.

Ich finde diese Filme – die ich mir auch anschaue – nicht pädagogisch gefährlich, ich finde sie politisch bedenklich, weil sie die Lust zum unerreichbaren Originalerlebnis fördern. Zudem hat der Bürger ja auch den Eindruck, daß es sein bürgerlicher Anstand sei, der ihn an Originalerlebnissen hindere. Das Originalerlebnis müßte für ihn also vorerst legalisiert werden. Der Detektiv im Kriminalfilm erscheint als einer mit legalisierten Originalerlebnissen. Diese Wünsche könnten zu einer

Vorstufe zum ersehnten legalisierten Massenoriginalerlebnis werden. Das gab es schon mal, und das hatte seine Gründe, und nur aus diesem einen Grunde kann Trivialliteratur politisch bedenklich sein – nicht etwa, weil sie schlecht geschrieben wäre, nicht weil sie falsche Inhalte vermittelt, sondern weil sie vorgaukelt, nur das Originalerlebnis könne der Sinn des Lebens sein.

Um Mißverständnisse zu vermeiden: ich meine nicht etwa, daß die Unmöglichkeit des Originalerlebnisses etwas mit unserer entfremdeten Zeit, mit Massenmedien und entfremdeter Industriearbeit zu tun hat. Diese Unmöglichkeit fällt uns unter den gegenwärtigen Umständen vielleicht schneller auf, aber es handelt sich um ein Problem, das die Menschen verfolgt, seit sie Menschen sind, seit sie eine Sprache haben und reflektieren können und müssen.

Deshalb heißt auch das alte Thema der Literatur – denn so neu, wie viele meinen, ist es nicht –, das alte Thema heißt: »Eine Geschichte schreiben über die Unmöglichkeit, eine Geschichte zu schreiben.« Gemeint ist damit der Versuch, nicht nur Realität zu überprüfen, sondern die Reflexion darzustellen, nicht die Dinge zu beschreiben, sondern zu beschreiben, was es von ihnen zu sagen gibt. Die Geschichte von der Geschichte, die man nicht schreiben kann, ist die Geschichte vom Leben, das man nicht leben kann.

Daß Leser wie Nichtleser etwas anderes hören wollen, ist ihr gutes Recht und verständlich. Sie erwarten von der Literatur eine – wenn vielleicht auch nur illusionäre – Überwindung der Unmöglichkeit des Lebens. Der Autor dagegen ist genau von dieser Unmöglichkeit, von der Diskrepanz Sprache-Realität, von der Unmöglichkeit des Beschreibens, von der Unmöglichkeit des Lebens fasziniert. Er beschreibt nicht Realitäten, er schreibt nicht »Die Geschichte«, sondern »Geschichten«. Das unterscheidet ihn vom Historiker, der daran glaubt, daß man das, womit er sich beschäftigt, »Die Geschichte« nämlich, nicht in die Mehrzahl setzen könne.

Die Wörter aber, die man nicht in die Mehrzahl setzen kann, sind besonders pathetische Wörter, sind mit besonderer Vorsicht zu betrachten und zu benützen. Vor Wörtern, die man nicht in die Mehrzahl setzen kann, sei gewarnt. Nur wenn Schriftsteller nicht »Die Geschichte« schreiben, sondern Geschichten, dann – und ich widerspreche mir gern und absichtlich – beschreiben sie nicht die Realität, sondern Realitäten. Wenn es mehrere Realitäten gibt, nennen wir sie nicht mehr Realitäten, sondern Möglichkeiten. In der Grammatik gibt es ja eine Möglichkeitsform, den Konjunktiv: die Frage »Was wäre wenn?« ist die Frage, die die Geschichten auslöst.

Die Geschichte von Odysseus zum Beispiel ist nichts anderes als die Geschichte einer Heimkehr. Im Original, wenn es ein solches gab, kam er nach längerer Abwesenheit nach Hause und vertrieb die Nebenbuhler. Mir scheint, Homer hat die Geschichte im Konjunktiv geschrieben, ich meine, konjunktivisch gedacht: was wäre, wenn Odysseus unterwegs den Sirenen, dem Zyklop begegnet wäre. Mir scheint, Homer erzählt nicht kontinuierlich eine umständliche Heimreise, sondern bietet gleich mehrere Gründe für die Verzögerung der Heimreise an.

Was wäre wenn: was wäre, wenn ein kleiner Oskar

nicht wachsen und nicht erwachsen werden will, was wäre, wenn der Richter selbst den Krug zerbrochen hätte, was wäre, wenn einer gesammeltes Schweigen sammeln würde.

Als Konjunktiv kann Literatur durchaus eine Möglichkeit, eine Hoffnung auf Alternative werden – nicht zu *der* Möglichkeit, zu der einzigen und realen wie in der Trivialliteratur, sondern zu einer von vielen Möglichkeiten: *eine* Geschichte, nicht *die* Geschichte. Letztlich ist Literatur eine Spielform, die einigen, den Schreibern und den Lesern, gefällt – eine Spielform, auf die man sich einlassen und die man genausogut verweigern kann. Man kann auch, und das wäre wohl eine Form von Realitätsverweigerung, Geschichten erzählen, um nicht von sich selbst sprechen zu müssen.

Es ist zum Beispiel keineswegs wahr, daß sich die Leute in der Kneipe heute keine Geschichten mehr erzählen. Dieses Mißverständnis kommt wohl von der Behauptung, die Leute hätten sich früher im Wirtshaus jene Märchen erzählt, wie sie die Gebrüder Grimm aufgeschrieben haben. Im Wirtshaus wurden wohl eher die Geschichten erzählt, wie sie etwa Fritz Reuter aufgeschrieben hat.

In allen Kneipengeschichten, damals wie heute, gibt es die Ich-Erzählungen, meistens etwas aufschneiderisch. Viel häufiger dagegen sind Geschichten, die so anfangen: »Ich kenne einen, der ...« Die Funktion dieser Geschichten ist eindeutig: jemand will sprechen, ohne über die eigenen Probleme sprechen zu müssen. Es gibt eine deutsche Bezeichnung dafür: Gesprächsstoff. Gesprächsstoff braucht man dann, wenn man nicht von sich selbst sprechen will oder kann.

Ein Freund von mir hat lange Zeit bei einem Haussa-Stamm in der Sahara verbracht. Er gehört zu jenen eigenartigen Menschen, die man als Sprachgenies bezeichnet; später als Rotkreuzhelfer in Vietnam hat er innert kurzer Zeit mehrere vietnamesische Dialekte beherrscht. Bei den Haussas mußte er nach einem Jahr aufgeben. Er kehrte zurück nach Deutschland, um die Sprache der Haussa an einer Universität zu lernen. Dann ging er mit der hier gelernten Sprache zurück zu seinem Stamm.

Die Haussas, sagte er, erzählen nur Geschichten. Sie sprechen nicht, sie bezeichnen die Dinge des Alltags kaum, sie reden fast nichts während der Arbeit. Reden, plaudern, sich selbst darstellen, klagen: das gilt als unmännlich, als untapfer. Das Idiom für »Verrückt sein« heißt in Haussa: »Er spricht mit seinem Kamel« – einer also, der mit Sprechen anfängt, weil er Angst hat, weil er einsam ist.

Bei langen Kameltransporten durch die Sahara, erzählte mein Freund weiter, ritt an der Spitze des Zuges sein Haussafreund, am Ende des Zuges er, beide getrennt für Wochen. Bei einer Rast oder Übernachtung setzte sich sein Freund vorn hin und er hinten. Man ging nicht zueinander und sprach miteinander; man gab vor, das nicht nötig zu haben, war stolz. Dabei hatte mein Freund den Eindruck, daß das Leben in der Sahara für seine Haussas nicht wesentlich leichter war als für ihn. Ihre Art, mit der Härte zurechtzukommen, war, nicht darüber zu reflektieren, nicht davon zu sprechen. Wer mit unnötigem Sprechen anfängt, der gibt seine Einsamkeit zu.

Wenn aber die Männer des Stammes zusammensaßen, begann in der Regel der Älteste zu erzählen, und zwar Geschichten zu erzählen – vorgeformte, literarische und überlieferte Geschichten. Er erzählte, um sich und die anderen am Reden zu hindern. An Geschichten aber ist eine Sprache nicht erlernbar. Erlernbar ist sie nur in der Berührung mit der Realität. Mein Freund mußte zurück nach Deutschland, um die Sprache zu lernen.

Geschichten erzählen, um nicht reden zu müssen: auch das kann ein Grund dafür sein, daß es Literatur gibt. Ich glaube, genau das vergessen wir oft allzuschnell, wenn wir unsere Forderungen an die Literatur stellen. Literatur ist nicht das Leben, nicht die Beschreibung des Lebens. Man kann leben ohne Literatur. Literatur ist etwas Zusätzliches. In der Literatur übernimmt die Sprache eine andere Funktion als beim Sprechen. Literatur kann durch Sprachlosigkeit entstehen, durch Verweigerung des Sprechens.

Wäre ich nur Schriftsteller und nichts anderes als ein Schriftsteller, ich hätte mich weigern müssen, hier zu sprechen. Ich stehe mir damit selbst im Weg.

2. Vorlesung

Das Lesen

In meiner Stammkneipe sitzt ein Mann, der mich haßt und mir das auch jederzeit mitteilt. Er haßt mich zwar nicht persönlich, sagt er, sondern er haßt mich wegen meines Standpunktes. Ich bin ein Schriftsteller, und also bin ich links. Er ist rechts, ist stolz darauf und gebärdet sich auch so. »Verkloppen« ist sein Lieblingswort. Immerhin, er spricht mit mir, und wenn wir zufällig allein sind, wird er sogar freundlich. Er ist erfolgreicher Handelsvertreter.

Eines Abends macht er mir das Geständnis, daß er Hilfsschüler war – Sonderschule. Er macht das Geständnis nicht stolz, sondern traurig. Ich erschrecke; ich weiß, was das heißt, wenn er mir dieses Geständnis macht. Er wird sich später daran erinnern, daß ich Bescheid weiß, und er wird es mir übelnehmen, und seine Feindschaft kann mir gefährlich werden.

Aber warum öffnet er mir, seinem Erzfeind, das Herz. Vielleicht doch, weil er von einem Schriftsteller Weichheit – in seinen Augen etwas Verabscheuenswürdiges – erwartet. Er rechnet mit meinem Verständnis, erwartet vielleicht meine romantische Reaktion, hofft, daß er in meinen Augen durch Schicksal aufgewertet wird. Und ich bin natürlich verständnisvoll und romantisch und weiß auch, woher ich diese Reaktion beziehe. Ich habe »Oliver Twist« gelesen und das »Heidi« von Johanna Spyri und die »Rote Zora« von Kurt Held. Das heißt, ich bin auf romantische Reaktionen konditioniert.

Mich wundert nur, woher er, der Rechtsextreme, das

weiß. Woher weiß er, daß Leser so konditioniert sind. Er selbst ist sicher kein Leser, aber er muß so seine Vorstellungen vom Lesen haben. Vielleicht sind Leser in seinen Augen Schwächlinge.

Was ist das denn eigentlich, ein Leser?

Kreuzworträtsellöser kennen die Definition. Wenn es da heißt: »24 waagrecht, Zeitungskäufer«, dann lautet die Lösung »Leser«. Um ein Leser zu sein, genügt also der Besitz einer Zeitung. Der Stadtschreiber von Bergen soll nach den Intentionen der Begründer dieses Amtes unter anderem auch Literatur unters Volk bringen, Leute zu Lesern machen. Ich kann mir nicht vorstellen, wie das geschehen sollte. Soll ich einen Stapel Zeitungen und Bücher dazu unter den Arm klemmen und mich in die Kneipe setzen?

Nun passiert mir aber in meiner Stammkneipe immer wieder etwas Eigenartiges. Die Leute kommen an und bringen mir ihre Bücher. Auf meinem Schreibtisch stapeln sie sich. Ich soll ihre Bücher lesen. Jürgen zum Beispiel erzählt seit Wochen von seinem Buch. Es sei richtig wertvoll und alt und handle von Deutschen in Brasilien. Und es sei noch ein richtiges, gebundenes Buch, und der Autor habe es sogar seiner Frau gewidmet, und ich müsse das unbedingt lesen.

Inzwischen hat er es mir aufgedrängt: Franz Donat, Paradies und Hölle – Abenteuerliche Schicksale eines Deutschen in Brasilien unter Hinterwäldlern, Diamantensuchern, Indianern, Einsiedlern und Verbrechern – Meiner lieben Frau Emilie in Dankbarkeit gewidmet. Es fehlen nicht ein Bild des Verfassers und eine Landkarte; das Vorwort von 1926 endet mit »treudeutschem Gruß« an die alte Heimat.

Eines ist sicher: das Buch ist zufällig in Jürgens Hände gekommen, durch Erbschaft oder mit irgendwelchem anderem Trödel. Ob er es wirklich gelesen hat? Vielleicht. Aber wenn, dann ist das schon sehr lange her. Es sieht so aus, als sei es sein einziges Buch.

Ich habe es gelesen. Es ist scheußlich. Aber das habe ich ihm nicht gesagt. Ich sehe keinen Grund, *sein* Buch durch ein anderes zu ersetzen und ihm »Werthers Leiden« von Goethe zu empfehlen. Jürgen hat ja nur einen Leser für sein Buch gesucht, einen Mitleser; bis jetzt war er offensichtlich der einzige, der diesen Donat gelesen hat. Nun hört er, daß hier ein allgemein benutzbarer Stadtschreiber anwesend sei. Und er kommt auf die eigentlich sympathische Idee, daß dieser Schreiber vielleicht sogar ein Leser sei, daß man ihn also auch zum Mitleser, Mitwisser, Mitverschworenen machen könnte.

Jürgen ist nicht der einzige, der das beim Stadtschreiber gesucht hat. Vielleicht könnte man das literarische Gespräch aufwerten, wenn man sich einen Stadtleser halten würde, einen, zu dem man gehen könnte, nachdem man ein schönes Buch gelesen hat, und sagen: Lies das doch auch, ich möchte morgen mit dir darüber reden.

Nebenbei bemerkt: wenn Literaturkritik einen Sinn haben kann, dann eigentlich nur diesen: ein öffentlicher Gesprächspartner zu sein für einsame Leser, ein öffentlicher Mitleser. Schade, daß wenige bereit sind, ihr Kritikeramt so zu verstehen. Die Leser wissen, wie einsam man sein kann mit der Begeisterung für ein Buch, wie einsam man sein kann mit der Begeisterung für die »Wahlverwandtschaften« zum Beispiel, für die

»Lehr- und Wanderjahre«, für die »Leiden des jungen Werther«.

Ich habe die »Wanderjahre« erst kürzlich gelesen. In einem richtigen Begeisterungstaumel bin ich losgerannt und habe meinen Freunden davon erzählt; ich habe keinen gefunden, der es gelesen hätte.

Wie einsam muß da erst mein Alkoholfreund Jürgen mit seinem Franz Donat sein.

Wenn sich Leser treffen, wenn sich zwei Leser treffen, die zufällig vor kurzem von demselben Buch begeistert waren, dann fallen sie sich in die Arme. Das Ereignis ist selten. Ich bin immer noch auf der Suche nach Lesern – nur zum Beispiel – von Helga Novaks »Eisheiligen«. Und ich weiß, was ich mitnehmen würde auf jene total einsame Insel, auf der man ganz allein ist und von der man niemals zurückkehrt. Ich kenne auch die beiden klassischen positiven Antworten: »Bibel« oder »Blindband zum Schreiben«. Beides liegt mir nicht fern, aber ich würde auf jene Insel kein einziges Buch mitnehmen, denn ohne tägliche menschliche Kommunikation hört beides auf, das Lesen und das Schreiben. Ich muß zum mindesten mitteilen können, *daß* ich gelesen habe.

Wenn ich den Eindruck habe, daß es wenige Leser gibt, dann meine ich nicht einfach wenige Leser von sogenannt guter Literatur. Ich meine erst mal Leser an und für sich, Leser von irgend etwas. Falsch ist jedenfalls die Vorstellung der Schulmeister, daß nur wenige Leute sogenannt gute Literatur lesen und der ganze Rest der Menschheit Schund. Selbst der Leser von Kioskheftchen gehört nicht zu einer Mehrheit, sondern immer noch zu der kleinen elitären Minderheit von Lesern. Wäre der Erfolg von Drucksachen – Zeitungen,

Heftchen, Bücher – davon abhängig, daß sie gelesen und nicht nur gekauft werden, das Verlagsgeschäft würde schlecht aussehen.

Dazu fällt mir noch ein, daß man probeweise die Bezeichnung »Nichtleser« einführen könnte. Ich fürchte aber, würde man sie auf einzelne Menschen anwenden, auf irgendeinen hohen Politiker vielleicht, die Bezeichnung wäre als Injurie einklagbar. Selbstverständlich ist man ein Leser, will man ein Leser sein; man findet Lesen nützlich, förderungswert. Eigentlich nur gegenwärtig, immer nur gerade jetzt, hat man leider zu wenig Zeit dazu. Ich möchte nicht falsch verstanden werden. Ich führe hier nicht das Klagelied darüber, daß zu wenig gelesen werde. Ich stelle nur fest, daß ich überrascht bin, wenn ich einen Buchleser treffe. Es fällt mir auf, wenn jemand ein Buch liest, und es fällt mir deshalb auf, weil es so selten ist. Es fällt mir auf, daß im Zug zwischen Bern und Zürich und im Zug zwischen Basel und Frankfurt selten Bücher gelesen werden; jedenfalls betrachte ich eine Buchleserin im Zug mit Erstaunen und Bewunderung. Und es fällt mir auch auf, daß jene Kioskheftchen, die Massenauflagen haben sollen, auch nicht gelesen werden.

Andererseits weiß ich nicht, was aus der Welt werden sollte, wenn sie aus lauter Lesern bestehen würde. Als ich einmal in einem finnischen Zug fuhr und sah, wie da fast jeder sein Buch vor der Nase hatte: ich gestehe, ich mußte lachen. Das sieht sehr komisch aus, ein ganzer Eisenbahnzug voll lesender Menschen, und ich wundere mich, daß die Filmkomödie noch nicht entdeckt hat, daß ein lesender Mensch mit seinem Buch vor dem Kopf etwas Komisches ist.

Was also ist das, ein Leser?

Auch mit den geschicktesten Umfragen über Lesegewohnheiten und Leseintensität wird man zu keiner brauchbaren Statistik kommen. Niemand, außer eben der wirkliche Leser, wird ehrlich Auskunft geben. Ich kenne sogar Germanistikprofessoren, die keine Leser sind. Man erkennt sie mitunter daran, daß sie sich wortreich darüber beklagen, daß ihre Studenten nicht lesen. Ich meine, Lesen hat zunächst wenig mit dem zu tun, was wir Literatur nennen. Ein Leser ist ein Süchtiger – vorerst nicht süchtig auf Inhalte und Themen, selten verschworen auf ein einziges oder eingeschränktes Themengebiet. Leser sind Allesleser. Leser sind jene, bei denen gewisse Körperfunktionen – ich denke ans WC – ausfallen, wenn sie keinen Lesestoff haben, die ohne Lesestoff nicht einschlafen, ohne Lesestoff nicht verdauen können oder was auch immer. Lesen, so vermute ich, ist etwas Körperliches.

Beim intensiven Lesen verspüre ich körperliche Veränderungen, die, so scheint mir, nicht vom Inhalt ausgelöst sind, sondern vom Lesevorgang selbst. Ich vermute – ohne jede Sach- und Fachkenntnis–, daß dabei gewisse hormonale oder was immer für Vorgänge im Körper ablaufen. In einer Liste entsprechender medizinischer Fachliteratur, die mir die Universitätsbibliothek zusammenstellte, konnte ich immerhin feststellen, daß es – vor allem in der amerikanischen Wissenschaft – solche Vermutungen gibt. Die Lust, diese Fachliteratur zu lesen, fehlte mir allerdings. Meine persönliche Beobachtung, daß ich mit dem Körper lese, genügt mir; auch gewisse Körperstellungen, gewisse Stühle, gewisse Liegen sind ja dem Lesen förderlich.

Lesen ist für mich sozusagen immer und unabhängig vom Inhalt der Eintritt in eine Gegenwelt – selbst bei realistischer oder gar naturalistischer oder sozialkritischer Literatur, unter Umständen auch bei einem politischen Kommentar zum gegenwärtigen Stand der Dinge. Mich selbst oder meine Lage darin zu erkennen, das ist – wenn schon – eine nachträgliche Sache. Im Augenblick des Lesens ist es immer »das Andere«, das mein Verhalten bestimmt. Ich verspüre beim intensiven Lesen ein leichtes Abheben vom Boden, das sich steigern kann bis zum Gefühl der Schwerelosigkeit; ich komme in einen Rauschzustand, den ich genieße.

Ich stelle auch fest, daß ich nach intensivem Lesen unfallgefährdet bin. Ich stolpere auf der Treppe, ich schneide mich in den Finger beim Brotschneiden, ich überquere die Straße, ohne auf den Verkehr zu achten, ich stolpere über den Randstein. Die Nützlichkeit des Lesens, gepriesen von Schule und Gesellschaft, gewünscht und gefördert von Politik und Öffentlichkeit, bekommt hier – wenn ich mir ein Bein brechen würde – ihre Relativität.

Die Beobachtung meines Vater, daß »Leser« linkisch seien, ist richtig. Er ließ mich allerdings lesen; da ich ohnehin ein Linkshänder war, war ich zum vornherein für ein anständiges Handwerk verloren. Ich zweifle auch daran, daß bei der Stellenbewerbung eines Handwerkers der Hinweis, er sei ein intensiver Leser und lese in der Woche drei bis vier Bücher, vom Arbeitgeber als positiv eingestuft würde.

Man müßte sich also doch einmal die Frage stellen, ob Lesen den Realitätsbezug verbessert oder verschlechtert. Unbestritten ist sicher, daß Lesen den Realitätsbezug verändert. Wir leben aber bekanntlich in einer Zeit, in der jeder veränderte Realitätsbezug als gefährlich, für die bestehende Gesellschaft gefährlich, eingestuft wird. »Realisten« werden nur jene genannt, die das Bestehende als gegebene Natur hinnehmen und, vielleicht höchstens mit einem Leider, das Bestehende als unveränderbar verzeichnen. Lauthals als »Veränderer« treten diese »Realisten« zwar auf, wenn sie zum Beispiel die Startbahn West bauen, aber das ist leicht zu durchschauen. Verteidigt wird wieder nur das Bestehende, nämlich eine aberwitzige Vorstellung von wirtschaftlichem Wachstum. »Verändert«, und das heißt in diesem Fall zerstört, werden Landschaft und Lebensraum. Die Erbauer empfinden die Startbahn als »realistisch«, weil ihren Gegebenheiten entsprechend; in ihren Augen fehlt den Gegnern des Bauwerks jeder »Realitätsbezug«. Ich erwähne das nur, weil ich davon überzeugt bin, daß unter den Gegnern der Startbahn mehr Leser zu finden sind als unter den Befürwortern. Dem Leser wird ja dauernd vorgeworfen, einen mangelnden Realitätsbezug zu haben, eben ein Spinner zu sein.

Ich liefere den Gegnern des Lesens – die gibt es, aber sie nennen sich nicht so und geben sich nicht an diesem Thema zu erkennen – ungern Argumente. Trotzdem könnte es ja doch sein, daß der sogenannt mangelnde Realitätsbezug der Leser daher stammt, daß Lesen eine Sucht ist und mit zu den Suchtgefahren gehört. Fragen drängen sich auf, zum Beispiel: Ist die Selbstmordrate unter Lesern höher oder niedriger?

Haben intensive, süchtige Leser eine Neigung zur Faulheit oder zum Fleiß?

Fördert Lesen das Bruttosozialprodukt oder gefährdet es das BSP?

Ist eine Gesellschaft, die nichts anders will als Reichtum und Wachstum, auf Leser angewiesen? Braucht sie wirklich Leser? Ich bin an der Beantwortung dieser und ähnlicher Fragen nicht im geringsten interessiert. Leser sind mitunter Leute, die mit Fragen umgehen können, ohne gleich nach der Antwort zu rufen: in Fragen leben, nicht in Antworten. Das mag für eine Mehrheit bereits subversiv sein.

Die Fragen, die zum Beispiel in der Kneipe gestellt werden, sind fast ausschließlich Fragen mit feststehenden Antworten: »Weißt du, daß«, »Weißt du, wieviel, wie hoch, wie tief«, »Du kannst mir bestimmt nicht sagen, daß« – und so weiter. Diese Fragesteller kommen aus einer Schule, in der nur die Antworten etwas gelten und Fragen nur gestellt werden, wenn die Antwort bekannt ist.

Kommen sie aber nicht auch aus einer Schule, wo das Lesen gelehrt wird?

Sicher haben sie da einmal das Alphabet gelernt, das ist schon sehr viel. Ich halte die Durchsetzung des Alphabets immer noch für die wichtigste zivilisatorische Leistung; was Emanzipation auch immer heißt, sie ist wohl ohne Schrift nicht erreichbar.

Das Bild allein schafft das nicht. Er braucht einen Text, damit es uns erreicht, vielleicht auch einen Text, der uns selbst einfällt.

Freire, der mit einer Wandtafel auf dem Rücken durch den brasilianischen Urwald ging, um die Indianer zu alphabetisieren, beschreibt das in der »Pädagogik der Unterdrückten«. Er beschreibt, wie er den Leuten innert kürzester Zeit das Lesen beibrachte, weil er die Wörter benützte, die sie brauchten. Er fragte nach den Problemen im Dorf: hatte man kein Wasser, schrieb er das Wort »Wasser« auf die Tafel. Mit dem Wort, mit der Formel »Wasser« begannen sie, vom Wasser Besitz zu ergreifen, und wurden fähiger, Wasser zu fordern und gemeinsam nach Wasser zu graben.

Allerdings war Freire davon überzeugt, daß das Lesenlernen vorerst genügte. Ivan Illich bezog sich auf ihn bei seinem Vorschlag, die Schule abzuschaffen: wenn die Kinder das Alphabet erst beherrschen, beginnt die Schule, mit eben diesem Alphabet zu unterdrücken und zu selektionieren. Auffällig ist ja, daß es eine verbindliche Rechtschreibung erst gibt, seit Lesen und Schreiben Allgemeingut sind. Schreiben können, vormals schon elitärer Unterschied genug, genügte nicht mehr; man mußte jetzt auch richtig schreiben können.

So gesehen ist die Rechtschreibung nichts anderes als ein Selektionsmittel, das auf Umwegen die notwendigen Analphabeten schafft. Das Ziel der Schule ist nicht Bildung, sondern Selektion. Es scheint so, daß man vorerst das Alphabet lernt, um selektionsfähig zu werden. Auch im Fremdsprachenunterricht lernt man ja nicht die Grundbegriffe einer Sprache, mit denen man im fremden Land durchkommen könnte. Man lernt vor allem die Schwierigkeiten der Fremdsprache, weil die Schwierigkeiten prüfbar sind. Die Schule will eine Fremdsprache gar nicht lehren, sie will sie nur prüfbar machen: ich kenne zum Beispiel alle Schwierigkeiten der französischen Sprache, kann aber kaum einen französischen Satz sprechen.

Im Zusammenhang mit dem Alphabet hat man denn

auch eine Krankheit erfunden, die Legasthenie. Sie sei heilbar, sagt man, bei entsprechenden Lehrmethoden, und es seien viele und oft eine Mehrzahl, die darunter leiden. Warum denn wendet man diese Methode nicht gleich bei allen an, sozusagen prophylaktisch wie bei den Pocken? Vielleicht auch deshalb nicht, weil man zwar an allgemeinen Kenntnissen der Schrift interessiert ist, an deren allgemeiner Benützung aber nicht?

Wenn es so ist, dann sollte auch ich als Legastheniker zu jenen gehören, die von der Benützung der Schrift ferngehalten werden.

Zwei Umstände halfen mir, trotzdem zu schreiben: das Wort für die »Krankheit« gab es damals noch nicht, und in der fünften und sechsten Klasse hatte ich einen Lehrer, der sich die Mühe nahm, in meinen Aufsätzen die schreckliche Schrift eines Linkshänders und die Rechtschreibung vom Inhalt zu unterscheiden. Er lobte meine Aufsätze, freute sich über sie. Nur er allein ist schuld daran, daß ich hier stehe, daß ich so etwas wie ein Schriftsteller geworden bin; das Wenigschreiben, meine Schreibhemmungen mögen noch ein Restbestand von Schreibangst sein.

Immerhin, das Erfolgserlebnis mit jenem Lehrer in der Volksschule war stark genug, um einigermaßen eine schulische Karriere zu machen. Nicht unwesentlich beteiligt an meinem Mut zum Schreiben war auch die Tatsache, daß ich später selbst Lehrer wurde. Ich hatte damit von den Besitzlosen zu den Besitzenden hinübergewechselt. Ein Lehrer ist einer, der im Besitze der Orthographie ist. Ich glaube sogar, das entspricht ziemlich genau der landläufigen Vorstellung vom Lehrer. Zum mindesten kam ich in diesem Beruf nicht mehr in Beweisnotstand. Den Duden hatte ich allerdings weit häufiger zu konsultieren als andere Kollegen.

Ich bin heute noch sehr unsicher in Orthographie, aber es spielt keine Rolle mehr. Weil ich ja ein Schreiber bin, nimmt man meine Fehler als Tippfehler. Das heißt nicht, daß einer, der Mühe hat mit der Orthographie, nicht schreiben kann. Die Frage ist nur, ob er trotzdem den Mut dazu findet.

Wer diesen Mut, die Schrift zu gebrauchen, nicht findet, der wird mit der Zeit auch mit dem Lesen wieder Mühe haben.

Wenn man unter einem Alphabeten jemanden versteht, der die Buchstaben kennt und zusammensetzen kann, dann gibt es unter Schweizern und Deutschen kaum Analphabeten. Wenn man aber unter einem Alphabeten jemanden versteht, der das Alphabet auch benutzen kann, dann gibt es schon viele Analphabeten. Sechzehnjährige sind in der Regel noch einigermaßen geübt im Lesen und Schreiben; später, wenn sie älter sind, wird nur noch ein kleiner Teil die Schrift aktiv benutzen. Zum mindesten in Solothurn in der Schweiz kenne ich Fünfzigjährige, denen auch das Lesen schon wieder Mühe macht.

Neben mir in der Kneipe dort sitzt einer, der ein Regazzoni-Fan ist. In der Boulevard-Zeitung, die ich gerade lese, steht eine Zehnzeilenmeldung über Regazzoni. Ich schiebe sie dem Fan zu und sage: »Hier, dein Regazzoni!« Er buchstabiert das Ganze durch, schiebt die Zeitung zurück und fragt: »Um was geht es denn?« Die zehn Zeilen sind ihm zu lang, um sie im Zusammenhang erfassen zu können.

Mir scheint auch, daß Analphabetismus eine ausgesprochen männliche Krankheit ist. Frauen lesen in der Regel mehr, sie schreiben auch mehr, Briefe zum Beispiel. Der Mann, der seiner Ehefrau immer wieder vorwirft, sie verstehe überhaupt nichts und sei halt eine dumme Frau, diesem Mann ist es selbstverständlich, daß alle amtlichen Formulare von der Frau ausgefüllt werden. Sie bedankt sich auch schriftlich für das Geschenk, das ihr Mann von der entfernten Verwandtschaft zum Geburtstag bekommen hat; sie ist es meistens, die den Kindern Geschichten erzählt. In Familien fällt mir auf, daß viel eher als der Vater die Mutter sagt: »Hört mal« und etwas vorliest. Würde das Lesen und Schreiben, wie das früher einmal war, nur wieder Männern beigebracht, ich glaube, die Literatur wäre bald ausgestorben. Jedenfalls hat das Unbehagen einfacher, ungebildeter Väter, die den Sohn immer wieder beim Lesen überraschen, auch damit zu tun, daß sie fürchten, der Sohn könnte zu weiblich, kein richtiger Junge, zu schwächlich sein. Und immer sind es die Mütter, die ihren Sohn vor spartanischer Erziehung schützen und das Lesen von Büchern gestatten, dulden oder gegen den Vater abschirmen und verteidigen.

Wenn aber die Welt so sein soll, wie sie ist, und auch so bleiben soll, dann sind wohl doch die Bedenken der Väter berechtigt: Leser sind subversiv.

Es gibt über Autoren Biographien, die den Eindruck erwecken, daß jemand nur und ausschließlich und nichts anderes als ein Autor war. Seine Spaziergänge sind bedeutend, seine Begegnungen haben immer mit seiner Literatur zu tun: sicher falsch, sicher nicht ganz unrichtig. Mich würde die Biographie eines Lesers interessieren, und zwar geschrieben mit der ebenso engen

Optik wie die Autorenbiographie, nämlich unter der Annahme, daß jemand nur und ausschließlich ein Leser war und daß alle seine Handlungen im Zusammenhang mit dem Lesen zu sehen sind. Vielleicht wäre hier Einseitigkeit berechtigter als beim Schriftsteller. Ich frage mich also, weil ich dieses Beispiel am besten kenne, wie ich zum Leser wurde, denn ich bin mehr Leser als Schriftsteller, und ich bin als Leser zum Schriftsteller geworden.

Mein erstes Buch war Zwangslektüre, eine echte Qual. Ich bekam es von einer Tante geschenkt, die glaubte, höheren Geist in der Familie vertreten zu müssen, und sogar ein Modejournal abonniert hatte. Es war ein Weihnachtsgeschenk, ich war neunjährig, und es war ein richtiges Buch, dick und ohne Bilder: »Christeli« von Elisabeth Müller, sehr sehr traurig und sentimental, sehr sehr brav und unspannend.

Ich begann einen Kampf mit diesem Buch. Ich hatte es zu lesen – selbst meine Eltern beharrten darauf, vor allem, weil meine Schwäche in Orthographie sich bereits zeigte und die Hoffnung bestand, durch Lesen zu besseren Diktaten zu kommen, durch bessere Diktate zu besseren Noten, dadurch zu besseren Erfolgschancen, zu einem besseren Lohn und einer schöneren Frau, zu einem größeren Haus und vielleicht einem Auto. Lesen war in diesem Zusammenhang immerhin noch karrierefreundlich. Zweitens hatte meine Mutter nicht die Absicht, sich von ihrer Schwester mit Modejournal blamieren zu lassen. Sie wollte zum mindesten einen Sohn haben, der auch liest, genau so liest wie der Sohn ihrer Schwester.

Das Buch war grauenhaft langweilig. Ich hatte zwei

Lesezeichen darin: das erste zeigte an, wie weit ich schon war, das zweite zeigte mein selbst gestecktes Ziel, bis da und da – bis auf Seite 48 – will ich heute durchhalten. Ich hielt nie durch und erreichte mein Tagesziel nicht. Immerhin war ich stolz darauf, daß mich die Tante für erwachsen genug hielt, ein Leser zu sein. Immerhin war ich einer mit einem Buch und fühlte mich im geheimen allen Fußballern und Bäumekletterern ohne Buch überlegen. Ich hatte eine Ahnung davon, daß Bücherlesen etwas Besseres sei.

Ein Jahr später, am 23. Dezember, las ich die letzten zwei Seiten. Ich hatte ein ganzes Buch gelesen, ich hatte es geschafft, ich war stolz darauf und beschloß, ein Leser zu bleiben – einer, der richtige Bücher von der ersten bis zur letzten Seite liest. Als Fußballer war ich ohnehin schlecht.

Das zweite Buch spielte in der Wüste in Arabien. Es gehörte zu den wenigen Büchern, die meine Eltern damals besaßen. Ich weiß heute noch nicht, wie es hieß: der Umschlag und die ersten zwanzig Seiten fehlten. Als uns später ein Buchklub schöne Bildbände lieferte, wurde es aussortiert; ich werde wohl nie zu wissen bekommen, was ich damals las. Aber ich las schon schneller. In drei Wochen hatte ich es zweimal gelesen und las dann alle Bücher, die wir hatten: ein dickes Buch über Martin Luther, Kochs großes Malerhandbuch, ein Fachbuch für Anstreicher und Dekorationsmaler, auch die Bibel wie einen Roman von vorn bis hinten. In einem zwanzigbändigen Konversationslexikon entdeckte ich erstmals, daß man Seiten überspringen kann, entdeckte mein Interesse für Sexuelles und in diesem Zusammenhang das Nachschlagen von Stichwörtern. Den männlichen Geschlechtsteil fand ich sehr lange nicht: er war unter dem Stichwort »Die Rute« zu finden.

Später entdeckte ich die Stadtbibliothek und auch, daß man Bibliothekare verblüffen kann, wenn man Bücher bestellt, die andere nicht lesen. Von Literatur wußte ich nichts. Trotzdem las ich als kleiner Snob erstmal nicht Karl May, sondern Johann Wolfgang Goethe. Seinen Namen hatte ich schon gehört, und daß er der Größte sei auch. Ich begann beim ersten Band der Gesammelten Werke, alles Gedichte, holte mir den zweiten Band, wieder Gedichte. Das Staunen der Bibliothekare machte mir Spaß, und daß ich ein besonders netter Bub war und nicht ein böser, der Karl May liest, das machte mir auch Spaß. Ich nahm mir vor, den ganzen Goethe zu lesen, und tat es. An Inhalte erinnere ich mich nur noch vage. Ich weiß auch nicht mehr, wieviel ich begriffen habe und ob es mich interessiert hat. Ich erinnere mich aber daran, daß ich mühelos und nicht gelangweilt gelesen habe: das Lesen, die Buchstaben, die Wörter, das hat mir gefallen.

Ich bin nicht zum Literaturkenner geworden, vorerst einmal nur zum Leser. Ich verlegte mich auf Gesamtwerke: sie waren im Katalog gesondert aufgeführt und kunterbunt gemischt. Nach Goethe las ich das Gesamtwerk von Forester, irgendwelche Seeabenteuer und eine Nelsonbiographie, verliebte mich in Lady Hamilton; dann Heinrich Federer, einen Schweizer; dann das Gesamtwerk – vielleicht bin ich immer noch der einzige Lebende, der es einmal ganz gelesen hat – das Gesamtwerk von Marie Ebner-Eschenbach. Die Frau kannte ich von ihren Aphorismen auf unserem Abreißkalender. Aber ich kenne das Werk der Ebner-Eschenbach nicht. Ich habe es nur gelesen, das gibt es. Ich mußte nur irgendwo aufschnappen, daß etwas schwer zu lesen sei, und schon rannte ich auf die Bibliothek und überredete die staunenden Bibliothekare.

Eine Geschichte noch: es war nicht abzuwenden, daß mich die Inhalte mehr und mehr doch interessierten. Ich hatte mich eingelesen; ein Buch von Adalbert Stifter versteckte ich unter meinem Bett. Ich fürchtete mich sehr, meine Mutter könnte es finden und schlecht denken von mir, denn eine Geschichte in diesem Buch, »Brigitta«, hatte mich völlig erotisiert, und ich schämte mich dafür. Hätte es meine Mutter gefunden, sie hätte es nicht lesen können, und hätte sie es lesen können, sie hätte mit Recht nichts Schlechtes oder Pornographisches darin erkennen können.

Ich war jetzt ein Leser, und ich war in einer anderen Welt mit anderen Qualitäten. Wäre ich damals von jemandem in die Welt Stifters eingeführt worden – das geschah viel später in der Mittelschule, deshalb kann ich es beurteilen –, dann wäre wohl ausgeblieben, daß mich »Brigitta« erotisierte, wäre wohl der Effekt ausgeblieben, daß ich etwas lese, was ich eigentlich nicht lesen darf. Nur wer Lesen als eine Gegenwelt erfährt, wird zum Leser. Das ist etwas, das die Schule beim besten Willen nicht leisten kann. Lesen braucht Lange-Weile, lange Zeit. Wie sollte es der Schule gelingen, Langeweile herzustellen – oder, wenn Sie es wertfreier wollen: Muße.

Die Schule kann zwar einführen in so etwas wie Literatur, nämlich in die Literaturgeschichte. Der Lehrer wird dabei beweisen müssen, daß es um Bedeutendes geht und Sinnvolles. Er wird beweisen müssen, daß Realität beschrieben und verarbeitet wird. Er wird den Beweis antreten müssen, daß Lesen nicht langweilig ist.

Wie aber soll einer, der kein Verhältnis zur Langeweile hat, die Lange Zeit finden, zu lesen?

Im Schweizerdeutschen hat übrigens nicht nur die Lange Weile ihre Doppelbedeutung, sondern auch die Lange Zeit. »Längizyt« ist der schweizerische Ausdruck für Sehnsucht. Ob Sehnsucht ein positives Gefühl, ob sie wünschenswert ist, das ist, nebenbei bemerkt, mitunter auch eine politische Frage und mag mitunter politische Gruppierungen voneinander unterscheiden. Ob die Schule sie fördern soll, die Langeweile, die Lange Zeit und die Sehnsucht: diese Frage könnte immerhin zu politischen Auseinandersetzungen führen. Aber gestellt wird sie wohl nicht.

In der ersten Vorlesung habe ich davon gesprochen, daß die Literatur nicht das Originalerlebnis meint, sondern die Reflexion, nicht die Dinge beschreibt, sondern beschreibt, was es von den Dingen zu sagen gibt. Der Entscheid, lesend zu leben, kann deshalb auch der Entscheid gegen das originale Leben sein, ein Entscheid für das sekundäre Leben.

Ich kenne eine Frau, die lebt, um zu lesen. An ihr ist nichts, was sie daran hindern könnte, am realen Leben teilzunehmen: eine schöne, gute und intelligente Frau. Aber sie mag das Leben nicht und beschäftigt sich mit ihrem Selbstmord. Was sie immer wieder kurz vorher davon abhält, ist die Einsicht, daß sie dann ja auch nicht mehr lesen könnte – ein Entscheid für das sekundäre Leben: leben, um das Leben anschauen zu können – nicht beobachten oder erforschen, nur anschauen.

3. Vorlesung

Wie beginnen – Über Inhalte

Es beginnt wieder in der Kneipe – und ich weiß, das ist etwas billig. Ich habe das kurz zu begründen, vielleicht trägt es etwas zum Thema bei.

Ich gehöre keineswegs zu den Leuten, die glauben, daß man in der Kneipe das »gewöhnliche« Volk, sozusagen den Durchschnitt der schweigenden Mehrheit antrifft. Wer glaubt, daß der Industriearbeiter etwa so sei wie die Leute in der Kneipe, der täuscht sich. Wer glaubt, daß er dort der politischen Durchschnittsmeinung den Puls fühlen könne, der täuscht sich. Der Durchschnitt sitzt zu Hause und ist nirgends anzutreffen. Die schweigende Mehrheit ist nicht einfach die Gruppe, die sich politisch nicht artikulieren kann und überschrien wird von Ideologen. Die schweigende Mehrheit ist ein Begriff, der von konservativen Politikern gegen die Minderheiten erfunden worden ist, die sich artikulieren können. Das Schweigen der Mehrheit wird als Zufriedenheit interpretiert und nicht etwa als die Unfähigkeit zu sprechen – wie in der Geschichte vom kleinen Jungen, der angeblich nicht sprechen konnte.

Als er mit Drei immer noch nicht sprach, sorgten sich seine Eltern und konsultierten erst einen Spezialisten, dann einen Professor, dann Kapazitäten in New York und Tokio. Keiner stellte etwas Abnormes fest, keiner konnte helfen. Der Junge war schon neun, man hatte sich mit seiner Sprachlosigkeit abgefunden, als er plötzlich beim Mittagessen aufschrie: »Verdammt, die

Suppe ist versalzen!« Die ganze Familie rannte zu ihm, umarmte ihn, und die Mutter sagte: »Ein Wunder, er kann sprechen.«

»Selbstverständlich kann ich sprechen«, sagte Hansli, »ich konnte schon immer sprechen.« – »Warum hast du es dann nicht getan?« fragte man ihn. »Bis jetzt war alles in Ordnung«, sagte er.

Nun, die Geschichte ist nicht wahr, nur deshalb ist sie lustig. Sie wäre es nicht, wenn sie wahr wäre, denn wer sprechen kann, der spricht, und nur, wer nicht sprechen kann, spricht nicht. Sprechen hat nicht nur damit zu tun, daß wichtige Inhalte übermittelt werden müssen. Sprechen hat nicht nur mit Inhalten zu tun, und der Begriff »Gesprächsstoff« meint nichts anderes als einen zufälligen Inhalt, der die Gelegenheit zum Sprechen gibt. Schweigen ist selten der Ausdruck der Zufriedenheit.

Meine übertriebene Behauptung, daß es auch in unseren Breitengraden viele Analphabeten gebe, kann dahin erweitert werden, daß es Sprachlose gibt, daß es Familien gibt, Wohnungen, die Orte des totalen Schweigens sind, unterbrochen vielleicht durch die notwendigen Verständigungen des Alltags, durch Befehle, Anweisungen und Ausbrüche der Verzweiflung. Jene Politik, die diese schweigende Mehrheit zu ihrer Zielgruppe oder zu ihrer Zielvorstellung macht, disqualifiziert sich selbst und ist an der Emanzipation der Menschen nicht interessiert. Daß sie nicht reden, diese Leute, heißt noch lange nicht, daß sie konservativ reden würden, wenn sie es könnten. Vorläufig – bestimmt – verhalten sie sich konservativ. Mit dem Redenlernen würde nicht nur ihr Verhalten einen Ausdruck finden, sondern ihr Verhalten würde sich durch das Reden auch verändern. Ich weiß nicht, in welche Richtung – vielleicht nicht in die Richtung, die ich mir vorstelle. Der liebe, treue Hund, von dem man etwa sagt: »Ach, wenn der Mucki nur sprechen könnte«, von dem man annimmt, daß er sprechen möchte, wenn er einen so tieftraurig anschaut: dieser Hund würde wohl auch etwas anderes sagen als das, was wir in seine Sprachlosigkeit hineindeuten. Und wir bekämen mit dem sprechenden Hund dieselben Schwierigkeiten wie mit Kindern.

Zurück zur Kneipe.

In der Kneipe leben die Scheiternden und die Gescheiterten. Scheitern ist ein Denkvorgang, eine zu große Distanz zum Beispiel zwischen Ich und Überich. Die Stimmung ist literarisch: der Trinker ist etwas Romantisches. Es mag gräßliches Blabla sein, was man in der Kneipe zu hören bekommt, aber zum mindesten sind es Versuche, zu einer Geschichte zu kommen, Geschichten zu erzählen, was in diesem Zusammenhang auch heißt: in Geschichten leben.

Hier in der Kneipe geschieht Selbstdarstellung in Imitation. Hier leben die Cowboys und die Seefahrer, die Kraftprotzen und die Einsiedler; die Stellung an der Bar ist nicht bequem, aber angelernt. Ob meine eigene Imitation eher ein Abbild von Melville oder Joseph Conrad ist und ihre Imitation eher ein Abbild von Hollywood: das unterscheidet uns optisch nur wenig. Romantisch jedenfalls sind alle Imitationen. Romantisch als Stilform, als Kunstform, meinte ja auch die Imitation – die Imitation des einfachen Lebens in der Natur zum Beispiel. Ohne die Lust zur Imitation gäbe es keine

Kunst. Und die Leute in der Kneipe sind keine Literaten und wollen auch keine sein: es ist meine romantische Vorstellung, die aus ihnen so etwas macht wie gescheiterte Literaten. Sie schreiben zwar keine Geschichten, aber sie versuchen, in Geschichten zu leben.

Der Grund, warum es bei mir immer wieder in der Kneipe beginnt, ist wohl noch einfacher. Irgendwo muß es ja beginnen, und ich kann nicht sagen: »Ich habe irgendwo irgendwen getroffen.« Das klingt zu zufällig. Wenn ich aber schreibe: »Ich habe zufälligerweise auf der Straße, Bockenheimer Landstraße – Ecke Brentano-Straße, einen annähernd fünfzigjährigen Mann getroffen mit etwa dem und dem Bildungsgrad, gescheiterter Abendgymnasiast mit technischen Interessen, Stirnglatze, hochgeschlagener Mantelkragen«: dann ergibt das kein Bild. Sie werden nichts sehen, wenn ich den Mann so beschreibe. Je exakter die Beschreibung wird, um so zufälliger wird sie.

Wenn ich aber schreibe »Ich traf einen Mann«, entsteht vor Ihnen ein Bild. Wenn ich zusätzlich schreibe »Gescheiterter Abendgymnasiast«, müssen Sie bereits die erste Korrektur vornehmen.

Vielleicht entsteht bei Ihnen nun die Vorstellung »Bart und ungepflegt«, ich aber entscheide mich für technische Interessen und Stirnglatze. Schon müssen Sie als Leser wieder korrigieren. Mit meinen Details baue ich Ihr Bild nicht auf, sondern zerstöre es dauernd.

Deshalb wähle ich das Klischee: alter Mann oder Großvater oder Trinker, Landstreicher, Schafhirt, Bauer, Arbeiter. Die Verständigung zwischen Schreiber und Leser funktioniert nicht nur über die eigentlichen Beschreibungen, sondern über Klischees, über das Typische. Am raffiniertesten und hinterhältigsten finde ich das Beispiel, das Agatha Christie geliefert hat. Eine junge Frau wird bei ihr so beschrieben: »Sie sah aus wie eine untypische Kindergärtnerin.«

Daß es also wieder in der Kneipe beginnt, hat erstens damit zu tun, daß ich es dort erlebt habe, und ich lebe auch dort. Trotzdem ist es auch und vielmehr ein literarischer Trick. Ich erwarte, daß das Klischee Kneipe etwas auslöst. Die Geschichte findet irgendwo statt, das erspart mir die Beschreibung. Jeder hat aus eigener Erfahrung irgendeine Kneipe vor Augen. Sobald Sie sich an Ihre Kneipe erinnern, wird meine Geschichte glaubhaft, weil das Bild Kneipe nicht aus meiner Erfahrung, aus der Erfahrung des Autors stammt, sondern aus Ihrer Erfahrung, aus der Erfahrung des Lesers.

Dies als Vorbemerkung. Und jetzt beginnt es; ich spreche immer noch vom Lesen.

In der Kneipe also sagt ein Mann, daß er eine Geschichte von mir, die in der »Rundschau« abgedruckt war, nicht verstanden habe. Er habe sie mehrmals gelesen, aber er habe das Ganze nicht verstanden.

Es ist unwichtig, um was für eine Geschichte es sich handelt; ich lasse sie hier ganz weg. Ich weiß, daß die Sache damit etwas ungenau wird, aber die Konkretisierung – ich habe es in einer ersten Fassung versucht – kostet nur Zeit und trägt nicht viel zur Sache bei.

Der Mann teilt mir also mit, daß er meine Geschichte nicht verstanden habe, und ich verstehe nicht, weshalb man so etwas Einfaches nicht verstehen kann. Ich werde hartnäckig und befrage ihn. Er erzählt mir nach und nach ziemlich genau die Geschichte, die ich geschrieben habe. Er hat sie also verstanden. Nur glaubt er mir nicht, daß das, was er verstanden hat, die Geschichte ist, und meine Beteuerung, daß dies eben die Geschichte sei und im übrigen nicht so wichtig, die glaubt er mir auch nicht. Er ist mir trotzdem gut gesinnt. Er hält mich für einen Schriftsteller; er kann sich nicht vorstellen, daß ich einfältig bin. Er sagt nicht, meine Geschichte sei Quatsch, er sagt, er habe sie nicht verstanden.

Dabei hat er sie wortwörtlich verstanden. Und genau das, was er verstanden hat, ist alles – zum mindesten alles, was in meiner Geschichte steht. Das Goethesche »Wenn ihrs nicht fühlt, ihr werdets nie erjagen« ist ohne Arroganz hier angebracht. Das heißt, es fehlt diesem Mann ganz einfach die Großzügigkeit, über sein Nichtverstehen hinwegzugehen. Kein Leser dieser Welt versteht die »Pisaner Gesänge« von Ezra Pound, kein Leser dieser Welt versteht »Finnegans Wake« von James Joyce. Das tut ihrer Größe keinen Abbruch; allerdings machen Unverständlichkeiten allein die Größe auch nicht aus. Verständlich werden diese Bücher erst, wenn man über ihre Unverständlichkeiten hinweggeht.

Ein anständiger Mensch wie mein Gesprächspartner in der Kneipe tut das nicht. Er ist kein Snob. Er würde mein Leseverhalten als Snobismus, als Hochstapelei bezeichnen. Er ist überzeugt, daß jeder, der behauptet, er habe meine Geschichte verstanden, entweder lügt oder eben gescheiter ist als er. Daß er so auf meine Geschichte, die ich für sehr einfach halte, reagiert, das verwundert mich. Aber das Erschrecken des Lesers ist eben wesentlich größer, wenn er zwar die Sätze versteht, aber nicht ermessen kann, weshalb sie da stehen.

Wir alle kennen die Verzweiflung des Nichtverstehens auf den ersten Seiten großer russischer Romane, wo man nicht weiß, welches der Onkel und welches der Bruder und ob die Tante nun die Frau des Onkels ist und der Bruder oder sein Freund verliebt in die Tochter von wem überhaupt. Wir sind geübt und wissen, wie man dem Problem begegnet: weiterlesen, es wird sich schon ergeben. Wer sich an den Unverständlichkeiten aufhält, der wird nicht mehr zum Lesen kommen, der muß es aufgeben. Großzügigkeit, Snobismus, Hochstapelei oder das Fühlen, wie Goethe es nannte, sind notwendig für das Lesen jeder Literatur.

Ich war sehr überrascht, als ich zu meiner Orientierung einen Konsalikroman las und auch Verständnisschwierigkeiten auf den ersten Seiten hatte. Meine Ehrfurcht vor Konsaliklesern ist damals gestiegen: sie sind auch Leser, die sich offensichtlich von Unverständlichkeiten vorerst nicht abhalten lassen und eingeübt sind. Auch Konsalik ist nicht für alle, sondern nur für Leser – für Konsalikleser; auch er ist angewiesen auf einen gewissen Vertrauensvorschuß.

Aber nun endlich eine Geschichte: ich erzähle Ihnen aus dem Gedächtnis eine Geschichte, die ich kürzlich gelesen habe:

Der Vater steht mit seinem Sohn auf einem schmalen Bergpfad, sie unterhalten sich über Mineralien, nun kommen von der anderen Seite zwei Knaben, schön wie Engel, und ihnen folgt ein Mann, braune Haut, schwarze Haare. Er führt einen Esel, darauf sitzt eine Frau in blauem Mantel mit einem Säugling im Arm. Erst eine Seite später erwähnt – wohl eher: es fällt ihm erst jetzt ein – der Autor, daß der Mann auch eine Polieraxt auf der Schulter trägt und ein langes eisernes Winkelmaß. Nun trägt die Frau auch noch ein rötlich zart gefärbtes Unterkleid, das den Autor an ein bestimmtes Bild von der Flucht nach Ägypten erinnert, und die Kinder tragen große Schilfbüschel, als seien es Palmen. Die Kinder freunden sich mit dem Sohn an und laden ihn ein, mitzukommen. Der Vater muß vorerst noch in eine Hütte zurück, wo seine Sachen liegen, und wird dann nachkommen. Sein Haus sei leicht zu finden, sagt der Zimmermann: »Fragt nur nach Sankt Joseph.«

Der Mann wohnt in einem verfallenen Klostergebäude, sie wohnen in der erhalten gebliebenen Kapelle. In einem Saal gibt es alte Fresken mit der Josephsgeschichte. Der Mann erklärt dem Autor die Fresken. Sie wurden bestimmend für sein Leben, ihnen wollte er schon als Kind nacheifern, durch sie kam der Zwang, Zimmermann zu werden. Nun wird nach dem Mann gerufen, er heißt Joseph. »Also heißt er auch Joseph«, schreibt der Autor. Die Frau heißt selbstverständlich Maria. Der Zimmermann erzählt seine Geschichte: wie er seine Frau traf, sie wurde von Fremden überfallen, ihr Mann starb bei dem Überfall, sie ist schwanger, der Zimmermann bringt sie zu einer barmherzigen Frau namens Elisabeth. Das Kind kommt zur Welt. Es hat keinen Vater. Der Zimmermann erzählt: »Unbedacht und lebhaft rief ich aus: ›Es ist keine Waise mehr, wenn ihr wollt.‹«

Ich hätte Lust, die Aufklärung möglichst lange hinauszuzögern, aber brechen wir das böse Spiel ab.

Ich habe Ihnen den Anfang von »Wilhelm Meisters Wanderjahren« erzählt. Der Autor heißt also Goethe, und er soll auch in diesem Jahr wieder würdig gefeiert werden. Ich habe sein Buch erst kürzlich bewußt gelesen, mit großer Begeisterung und mit viel Mühe oft, zu verstehen. Trotzdem stelle ich fest, daß es mir nicht gelingt, seine Geschichte hier ohne genüßlerischen Zynismus zu erzählen. Goethe erzählt in vollem Ernst, blinzelt nirgends dem Leser zu, verzieht keine Miene. Ohne zusätzliches Wissen über diesen Goethe würde ich ihn für einen frommen oder frömmlerischen Menschen halten und wüßte auch nicht, ob er mich vielleicht doch verarschen will. Goethe aber meint es ernst, und er bittet um meinen Ernst. Ich werde mich jetzt wieder darum bemühen.

In einem ist er ganz hart, dieser Goethe. Er traut mir diese Geschichte einfach zu, er hat das geschrieben, und ich habe das zu lesen oder es zu lassen – es ist immerhin geschrieben, und es ist gewandt geschrieben, es ist immerhin gedacht, und es ist immerhin eine Geschichte. Er macht hier eigentlich etwas, um das ich ihn beneide, etwas, was heutige Autoren mit guten Gründen nicht mehr wagen.

Angenommen, seine Geschichte hätte sich in Wirklichkeit so oder ähnlich zugetragen, und Goethe wäre es auf einer seiner Reisen widerfahren: ein anständiger Autor würde sich sagen, es ist leider zu unwahrscheinlich, als daß es mir einer als Wahrheit abnehmen wird. Daß mir Unwahrscheinliches passiert ist, kann ich zwar mit der dauernden Beteuerung, selbst am meisten überrascht zu sein, und der Beteuerung, es sei wirklich wahr, auf einer Party irgendwo und vielleicht gegen Morgen erzählen. Sobald ich es aber aufschreibe, ist der Reiz dieses unheimlichen Zufalles weg, weil ich es ja auch hätte erfinden können. Als Erfindung ist die Parallele zur Heiligen Familie einfallslos oder geschmacklos; als Wahrheit hätte sie die Qualität für eine Sensationsmeldung der Weihnachtsausgabe der »Bildzeitung«.

Bitte glauben Sie meine Beteuerung, daß es mir fern liegt, Goethe lächerlich machen zu wollen. Bitte glauben Sie mir, daß mir seine Geschichte zu meiner eigenen Überraschung gefallen hat. Aber ein frecher Hund ist dieser Autor doch. Er hat die Frechheit, mir seine Geschichte zuzutrauen, er hat die Frechheit, sie ohne Ironie zu erzählen, ohne sich mit dem Leser darüber augenzwinkernd zu verständigen. Er hat die Frechheit, eben zu schreiben und die Geschichte als Träger des Schreibens, als Träger der Erzählung zu benutzen. Wer hier nur Inhalt sehen und interpretieren will, der wird so scheitern wie bei einer rein inhaltlichen Interpretation von James Joyce. Das meinte ich auch, als ich sagte, mir scheint, daß wir durch die Lektüre von Joyce auf die »Wanderjahre« von Goethe vorbereitet worden sind, daß Joyce einen möglichen Schlüssel dazu geliefert hat.

Wenn ich Ihnen den Inhalt nacherzählt, wenn ich Ihnen eine Inhaltsangabe geliefert habe, dann wußte ich zum voraus, daß das lächerlich wirken muß. Meine Methode war unfair. Goethes Joseph sagt denn auch zur Begründung seiner Geschichte, die er vor den Josephsfresken des Klosters vorträgt, daß eben diese Bilder seine Lebensgeschichte wurden. Der Satz heißt: »Denn wenn das Leblose lebendig ist« – gemeint sind die Fresken –, »so kann es wohl auch Lebendiges hervorbringen.«

Wir kennen einen ähnlichen Satz schon von einem

anderen Autor, Oscar Wilde: »Es kommt weit öfter vor, daß das Leben die Kunst nachahmt als die Kunst das Leben.« Ich werde in meiner letzten Vorlesung auf diesen Satz zurückkommen und füge hier nur einen Satz aus meiner ersten Vorlesung an: »Eine Geschichte ist immer auch eine Geschichte über eine Geschichte – eine Geschichte über Literatur.«

Goethes Joseph ist zwar fromm, er glaubt, echtes Leben zu wiederholen; für Goethe ist die Wiederholung wohl eher die Wiederholung der Kunst, der Geschichte von der Heiligen Familie, die Wiederholung der Fresken. Die Nachahmung der Nachahmung der Wahrheit, die Wahrheit über die Nachahmung der Nachahmung der Wahrheit: das läßt sich in allen erdenklichen Varianten durchspielen. Nicht das Leben gibt Goethe das Recht, so zu schreiben, sondern die Literatur. Er macht Literatur, und deshalb ist es erlaubt. Er schreibt nicht für die Leute, er schreibt für Leser – für Leute also, die Literatur akzeptieren.

Ich gebe gern zu, daß auch ich beim Lesen eine Vorleistung erbracht habe. Ich wußte, daß mein Buch von Goethe ist. Vielleicht hätte ich meine Lektüre abgebrochen, wenn mir der Autor unbekannt gewesen wäre. Ich hätte die Lektüre zum Beispiel abbrechen können, weil ich angenommen hätte, es handle sich nur um ein gewöhnliches frömmlerisches Buch oder, wenn Sie wollen, einfach um ein Buch für Leute und nicht um ein Buch für die Literatur. Sie können das ruhig als Snobismus interpretieren. Mein Literaturrurteil ist aber abhängig von der Umgebung: ich habe das Buch in der Umgebung Goethes gelesen und in der Umgebung der deutschen Literatur.

Nur meine Vorstellung von Goethe macht es reizvoll, zu erwähnen, was für ausgefallen gewöhnliche Geschichten der schreibt. Seine Geschichte von Joseph und Maria – jedenfalls der Anfang, den ich Ihnen erzählt habe – ist für jedermann verständlich. Und sie ist – vorläufig – auch keineswegs so gemeint, daß sie nun noch interpretiert werden müßte. Aber mein Mann aus der Kneipe wird annehmen, daß er sie nicht verstanden habe. Er wird sie so wenig verstehen, daß er nach einigen Sätzen die Lektüre abbricht.

Nun gibt es Leute, die glauben, man könne den Nichtlesern Literatur näherbringen, indem man ihnen die Inhalte zu erklären versucht. In diesem Falle, so befürchte ich, ist das nutzlos und in anderen Fällen auch. Sie können niemanden zum Fußballfan machen, indem Sie ihm den inneren Sinn des Fußballs deuten oder die Regeln und den Zweck. Fußball ist nur für einen Fußballfan zu begreifen. Fußball ist unnötig, wenn Sie so wollen, und nicht etwa ein Abbild des Lebens, was von Fußballphilosophen behauptet wird. Ich brauche nicht Fußballfan zu sein, um das Leben kennenzulernen, und wenn ich das Leben kennen sollte, dann trägt das nicht viel bei zum Verständnis von Fußball und auch nicht zum Verständnis von Goethes Geschichte. Dazu ist ein Einverständnis mit der Literatur so notwendig wie zum Verständnis von Fußball ein Einverständnis mit Fußball. Das deutsche Wort dafür heißt Begeisterung.

Nun gibt es keinen Zweifel daran, daß dieser Goethe genial ist, ein Viel- und Alleskönner, ein potenter Schreiber. Trotzdem bleibt die Frage, wie die ernsten und schwerblütigen Deutschsprechenden dazu kommen, sich für einen derartig frechen Kerl, einen derartig verantwortungslosen Schreiber zu begeistern und ihn zum unbestrittenen Dichterfürsten zu wählen. Die als weniger schwerblütig bekannten Franzosen taten mit Racine und Corneille keineswegs dasselbe. Das sind ernsthafte und langweilige Autoren und keineswegs Hofnarren.

Sei es, wie es sei, ich freue mich als Leser schelmisch über Goethe. Wenn ich ihn lese, teile ich ein Geheimnis mit ihm: das einfache Geheimnis, daß dieser Goethe in nichts dem Goethebild der Nichtleser entspricht und daß das Goethebild eben ein Bild der Nichtleser ist. Vielleicht ist es genau dieser gelungene Streich – Husarenstreich oder Lausbubenstreich –, der mir gefällt.

Was mich allerdings an ihm erschreckt, am alten Goethe, das ist seine Kaltschnäuzigkeit und wie unsentimental und kühl er wird, wie berechnend seine Sentimentalität, wie wenig er im Grunde genommen von seinen Lesern hält.

So denn, zum Ausgleich und um meiner Theorie Genüge zu tun, ein Stück Prosa von einem Sentimentaleren, von einem Traurigeren. Es ist ja ein altes Problem: wenn man über Literatur spricht, muß man aus Zeitgründen die Literatur weglassen. Hier also, sozusagen stellvertretend für alle, ein kurzer Textausschnitt – nicht eine Geschichte wird zum Träger der Erzählung, sondern politische Philosophie – Heinrich Heine:

»Dieses Bekenntnis, daß die Zukunft den Kommunisten gehört, dieses Bekenntnis machte ich im Ton der Besorgnis und äußersten Furcht, und – ach! das war keineswegs Verstellung! Wahrhaftig, nur mit Schauder und Schrecken denke ich an die Zeit, da diese finsteren Bilderstürmer zur Herrschaft gelangen werden; mit ih-

ren schwieligen Händen werden sie erbarmungslos alle Marmorstatuen der Schönheit zerbrechen, die meinem Herzen so teuer sind; sie werden alle jene Spielereien und phantastischen Nichtigkeiten der Kunst zerschmettern, die der Dichter so liebte; sie werden meine Lorbeerhaine zerstören und dort Kartoffeln anpflanzen; die Lilien, die weder spannen noch arbeiten und doch ebenso herrlich gekleidet waren wie der König Salomo in aller seiner Pracht, sie werden ausgerissen werden aus dem Boden der Gesellschaft, es sei denn, sie nehmen die Spindel zur Hand; die Rosen, jene müßigen Bräute der Nachtigallen, wird das gleiche Geschick treffen; die Nachtigallen, diese unnützen Sänger, werden vertrieben werden, und – ach! mein Buch der Lieder wird dem Gewürzkrämer dazu dienen, Tüten zu drehen, in die er den armen alten Frauen der Zukunft Kaffee und Tabak schütten wird. Ach! ich sehe all dies voraus, und ich bin von einer unaussprechlichen Traurigkeit ergriffen, wenn ich an den Untergang denke, mit dem das siegreiche Proletariat meine Verse bedroht, die mit der ganzen alten romantischen Welt vergehen werden. Und dennoch, ich bekenne es mit Freimut, übt eben dieser Kommunismus, so feindlich er allen meinen Interessen und meinen Neigungen ist, auf meine Seele einen Reiz aus, dem ich mich nicht entziehen kann; zwei Stimmen erheben sich in meiner Brust zu seinen Gunsten, zwei Stimmen, die sich nicht zum Schweigen bringen lassen wollen, die vielleicht im Grunde nur teuflische Einflüsterungen sind – aber was immer sie seien, ich bin davon besessen, und keine Macht der Teufelsbeschwörung kann sie bändigen.

Denn die erste dieser Stimmen ist die der Logik. Der

Teufel ist ein Logiker! sagte Dante. Ein fürchterlicher Syllogismus hält mich umstrickt, und wenn ich diesen ersten Satz nicht widerlegen kann, ›daß alle Menschen das Recht haben zu essen‹, so bin ich gezwungen, mich auch allen anderen Folgerungen zu unterwerfen. Wenn ich daran denke, so laufe ich Gefahr, den Verstand zu verlieren. Ich sehe alle Dämonen der Wahrheit mich im Triumph umtanzen, und schließlich bemächtigt sich meines Herzens eine großmütige Verzweiflung, und ich rufe aus: sie ist schon seit langem gerichtet, verurteilt, diese alte Gesellschaft! Möge die Gerechtigkeit ihren Lauf nehmen! Möge sie zerbrochen werden, diese alte Welt, wo die Unschuld zugrunde ging, wo die Selbstsucht gedieh, wo der Mensch vom Menschen ausgebeutet wurde! Mögen sie von Grund aus zerstört werden, diese übertünchten Grabstätten, in denen die Lüge und die Verderbnis herrschten! Und gesegnet sei der Gewürzkrämer, der einst aus meinen Gedichten Tüten drehen wird, um Kaffee oder Tabak für die armen, guten alten Weiber hineinzuschütten, die sich vielleicht in unserer jetzigen Welt der Ungerechtigkeit eine solche Annehmlichkeit haben versagen müssen – fiat justitia, pereat mundus!

Die zweite der beiden gebieterischen Stimmen, die mich umstricken, ist noch mächtiger und noch infernalischer als die erste, denn sie ist die des Hasses, des Hasses, den ich gegen eine Partei hege, deren schrecklichster Gegner der Kommunismus und die aus diesem Grunde unser gemeinsamer Feind ist. Ich spreche von der Partei der sogenannten Repräsentanten der Nationalität in Deutschland, von jenen falschen Patrioten, deren Vaterlandsliebe in nichts anderem besteht als in einer idiotischen Abneigung gegen das Fremde und gegen die Nachbarvölker, und die jeden Tag ihre Galle verspritzen, besonders gegen Frankreich.«

Soweit Heinrich Heine im Vorwort zu »Lutetia«, geschrieben 1855. Ich würde es gern unkommentiert hier stehenlassen, weil ich glaube, jeder kann sich das Seine dazu denken, und wer mit diesem Text nur seine Schadenfreude über das Scheitern des Kommunismus nähren will, der tut dem Text unrecht.

Inzwischen mag er prophetische Qualitäten haben. Er ist aber keine politische Prophezeiung, er ist nur die Prophezeiung unserer Trauer über das Scheitern. Sein Dilemma gegenüber der Zukunft ist zu unserem Dilemma gegenüber der Gegenwart geworden. Deshalb ist auch dieser Text zwar inhaltlich zu erfassen, aber nicht inhaltlich zu verstehen. Sein Inhalt ist der Träger einer Geschichte, einer Stimmung, die man annehmen kann oder verweigern. Es ist die Stimmung, aus der Geschichten entstehen: die Traurigkeit über die Endlichkeit der Dinge und des Lebens. Heines Trauer darüber, daß es im Kommunismus seine Gedichte, seine Geschichten nicht mehr geben wird, das ist das eine. Aber hat er vielleicht nicht doch geahnt, daß es immer wieder Geschichten geben wird – und das heißt ja, daß Glück nie erreichbar ist. Das sind zwei Traurigkeiten, und das ist das Dilemma.

»Mach keine Geschichten«, sagte meine Mutter.

4. *Vorlesung*
Joyce zum Beispiel

»Es war Joe Dillon, der uns mit dem Wilden Westen bekannt machte. Er hatte eine kleine Bibliothek, bestehend aus alten Heften von The Union Jack, Pluck und The Halfpenny Marvel. Jeden Abend nach der Schule trafen wir uns in seinem Hintergarten und veranstalteten Indianerkämpfe. Er und sein dicker jüngerer Bruder, der faule Leo, hielten den Speicher des Stalls, während wir versuchten, ihn im Sturm zu nehmen; oder wir trugen auf der Wiese eine offene Feldschlacht aus. Aber so gut wir uns auch schlugen, niemals gewannen wir eine Belagerung oder eine Schlacht, und alle unsere Waffengänge endeten mit Joe Dillons Siegestanz. Seine Eltern gingen zur Acht-Uhr-Messe jeden Morgen in die Gardiner Street, und der friedliche Geruch von Mrs. Dillon beherrschte den Hausflur. Er aber spielte zu wild für uns, die wir jünger und zaghafter waren. Er sah einem Indianer nicht unähnlich, wenn er mit einem alten Teewärmer auf dem Kopf durch den Garten tobte, mit der Faust auf eine Blechbüchse einschlug und brüllte:

– Ja! jaka, jaka, jaka!

Keiner wollte es glauben, als es hieß, daß er sich zum Priester berufen fühlte. Dennoch war es wahr.

Ein Geist der Aufsässigkeit breitete sich unter uns aus, und unter seinem Einfluß traten Bildungs- und Temperamentsunterschiede zurück. Wir rotteten uns zusammen, einige draufgängerisch, einige aus Spaß und einige fast aus Angst: und zu diesen, den widerwil-

ligen Indianern, die als Streber oder Schwächlinge zu gelten fürchteten, gehörte auch ich. Die Abenteuer, von denen die Literatur des Wilden Westens erzählte, lagen meinem Wesen fern, aber wenigstens schlossen sie Türen auf zur Flucht.«

Ich habe Ihnen den Anfang der Geschichte »Eine Begegnung« aus den »Dubliners« vorgelesen: James Joyce wäre heute, am 2. Februar 1982, hundert Jahre alt geworden. Ich nehme nicht an, daß er das hätte werden wollen.

Als Verstandener ist er längst ein Klassiker, als Verstandener ist er längst tot. Als Unverstandener, als einer, mit dem man nicht zu Rande kommt, ist er noch unter uns. Beschämt stellen wir fest, stelle ich fest, daß wir, daß ich den »Ulysses« nicht ganz gelesen habe, etwas weniger beschämt, daß wir »Finnegans Wake« nicht verstehen.

Vor zwanzig Jahren war ich stolz auf einen kleinen, unbedeutenden Schnitt am kleinen Finger meiner linken Hand, den ich mir auf der Suche nach dem Grab von Joyce zugezogen hatte. Es mußte annähernd die richtige Reihe sein, aber der Friedhof war verschneit, ich war das erste Mal hier und wischte mit der Hand den Schnee von irgendeiner Grabplatte und verletzte den Finger an der scharfen Kante eines Metallbuchstabens. Es war der Name dieses James Joyce.

Daß er in Zürich begraben sein muß, das hatte ich allein herausgefunden, und es kam mir so vor, als sei ich der einzige, der es wußte. Ich ganz allein hatte ihn besucht, und er ganz allein lag hier, und es war Winter.

Was ich hier erzähle, ist nicht erzählenswert. Es muß auch gar nicht der Wahrheit entsprechen; das literarische Modell für die Beschreibung von Dichtergrabbesuchen ist bekannt. Sie beginnen damit, daß man beim Friedhofsgärtner fragt, wo der Tote liegt, und mit der nicht überraschenden Überraschung, daß der Gärtner es weiß. Ich werde diese Geschichte nicht schreiben. Sie ist schon oft geschrieben, und das ist recht so. Meine liebste Geschichte dieser Art ist Ludwig Hohls Beschreibung vom Besuch des Grabes der Katherine Mansfield.

Immerhin: da steht ein Gärtner und kennt den Namen von James Joyce, und er kennt die Nummer seines Grabes. Ein kleines bißchen unwillig wirkt er schon, wenn er die Nummer routinemäßig aufsagt. Ein wenig stolz ist er schon, daß er hier nicht nur etwas pflegt, sondern auch verwaltet. Immerhin arbeitet er auf einem Friedhof, den nicht nur Einheimische besuchen, sondern auch Fremde. Vorstellbar ist, daß er die Grabnummer auch englisch und französisch gelernt hat.

Ich bin ein Fremder und stehe vor einem Fremden, der unter der Erde liegt. Er, der immer fürchtete, verwaltet zu werden, ist in die Verwaltung des Friedhofsgärtners übergegangen: ihm gehört er, und mir wird er zur Verfügung gestellt. James Joyce kann sich nicht dagegen wehren, daß ich ihn besuche und meine sentimentale Wintergeschichte erlebe und mich daran erbaue.

Armer James Joyce: er ist tot. Es ist doch eigenartig, wie leid einem die Dichter tun, wenn sie tot sind. Und ebenso eigenartig ist, daß sie tot nicht nur für die Leser etwas Sentimentales werden, sondern auch für die Nichtleser. Ich verspüre den beißenden Spott von James Joyce in meinem Nacken, wenn ich das sage, und es ist mir nicht recht wohl bei meiner Winterfriedhofsgeschichte. Ich benütze ihn und mißbrauche ihn – das hat er nun davon. Würde er leben, ich würde nicht wagen, ihm unter die Augen zu treten; ich tue ihm unrecht, wenn ich sein Grab besuche. Der Unverständliche wird hier zum Verständlichen. Meine Sentimentalität und mein Erbarmen mit ihm und mit mir machen den trotzigen Iren zum sanften Klassiker.

Ich glaube, man haut nicht daneben, wenn man ihn den Vater der Moderne nennt – nicht etwa der Vater, der sie erfunden oder entdeckt hätte, das haben alle anderen vor ihm auch schon, aber der, der sie aufzeigte und trotzig darauf beharrte, einer, der wußte, daß man die Geschichten nicht versteht, wenn man sie nur verstehen will und sonst nichts. Nur »Vater«, so glaube ich, ist dann halt eben doch keine Bezeichnung für ihn.

»... und zu diesen, den widerwilligen Indianern, die als Streber oder Schwächlinge zu gelten fürchteten, gehörte auch ich«, schreibt er: also einer, der vorerst mal versucht, am Leben teilzunehmen, einer, der sich fürchtet vor Joe Dillon, einer, der der Macht und dem Terror von Joe ausgeliefert ist und dem nichts anderes übrigbleibt, als in die Geschichten von Joe einzusteigen, in dessen Indianergeschichten – die Beschreibung einer frühen Wunde, die Einsicht in die eigene Unfähigkeit.

Nur ganz nebenbei und nicht im Ernst: ich hatte mal den Spleen, alle Autoren, die ich antraf, zu fragen, ob sie in der Schule im Turnunterricht den Sprung übers lange Pferd geschafft hätten. Es mögen an die hundert Autoren gewesen sein, die ich befragt habe, und die Antworten waren Leidensgeschichten. Zwei Autoren nur, so gute Autoren wie die anderen, waren gute Turner. Bitte, ich erzähle das nicht im Ernst, und ich ziehe keine Folgerungen daraus. Ich halte das auch nicht für Statistik, nur für einen bemerkenswerten Zufall. Immerhin gehörte die Feststellung, daß ich mit meinem Körper nicht umgehen kann, zu meinen frühesten Beleidigungen, zu tiefsitzenden, die Narben hinterlassen haben. Immerhin war Macht auf dem Schulhof – ausgetragen oder nicht – etwas Körperliches.

Wer ein »widerwilliger Indianer« ist wie Joyce, dem bleibt noch der Kopf. Wer das Leben nicht lebt, der muß es sich erzählen: »Die Abenteuer, von denen die Literatur des Wilden Westens erzählte, lagen meinem Wesen fern, aber wenigstens schlossen sie Türen auf zur Flucht.«

Es sind die Starken, die Lebensfähigen, die die Geschichten leben und die Indianer spielen. Würden die Indianer aber nicht gespielt, die Schwachen würden von den Indianergeschichten nie erreicht und könnten sie nie benützen, um die Türen aufzuschließen zur Flucht. In der Wirklichkeit der unflätigen, angstlosen und skrupellosen »Roten Zora« zum Beispiel hätte ich als Schwächling nichts zu suchen gehabt. Ich wäre bestimmt ihrem Spott ausgesetzt gewesen. Aber in ihrer Geschichte habe ich mich wohl gefühlt. Noch mehr: ich habe mich von ihr sehr verstanden gefühlt und war ihr allernächster Vertrauter.

Mit Mister Joyce persönlich hätte ich mich wohl nicht verstanden. Ich verstehe vieles in seinen Büchern nicht, aber – und das kann er nicht verhindern – ich fühle mich von ihm verstanden. In seiner Geschichte »Die Begegnung« war es ja auch nicht der dummstarke Dillon, der auf die Idee kam, nun mal eine wirkliche

Geschichte herzustellen, eine eigene und nicht nur eine Indianergeschichte. Es war der Ich-Erzähler, also James Joyce, der vorschlug, die Schule zu schwänzen und irgendwohin zu laufen. Die wirkliche Geschichte, hergestellt und vollzogen von beiden, gelingt zwar nicht zum Abenteuer wie den Indianern. Die beiden legen sich an ein Bord und tun nichts, das heißt, sie tun nichts anderes als schwänzen, und das ist doch sehr viel. Ein Mann, der zufällig vorbeikommt, beginnt mit ihnen über Bücher zu sprechen. Dem rauhbeinigen Dillon ist das wurst. Unser James aber behauptet gleich, daß er all die Bücher gelesen habe. Er hat zwar nicht, aber er möchte halt einer sein, der Bücher liest. Mir scheint, wir alle kennen das, ich kenne das.

Nun beginnt der Mann über Freundinnen, über Mädchen zu sprechen, empfiehlt es zuerst, spricht dann in wilden Fantasien vom Verprügeln all derer, die mit Mädchen ... Dann tritt er mal schnell beiseite und tut etwas. Der Leser erfährt nicht, was; es erscheint nur mit dem Satz: »Na, sowas! Guck mal, was er da macht!«

Ein doch wohl ein bißchen Perverser: der starke Dillon setzt sich ab und jagt eine Katze auf dem Feld herum. Der Schwache und Anständige redet weiterhin mit dem Mann freundlich. Opportunismus? Opportunismusangst?

Der kleine Joyce kriegt Angst. Er steht auf und ruft verzweifelnd seinen Freund: »Wie schlug mein Herz, als er über das Feld auf mich zurannte! Er rannte, als wolle er mir Hilfe bringen. Und ich war reumütig; denn in meinem Herzen hatte ich ihn immer ein wenig verachtet.«

Ein weltfremder Mann war dieser Joyce nicht. Er

war bereit, die Welt anzunehmen, und sein Verhältnis zu Dillon war nicht nur opportunistisch. Dillon war sein Freund, also etwas, was man braucht zum Leben.

Sowenig ich auch verstehe von Joyce – und ich hätte wohl nicht gewagt, hier von ihm zu sprechen, wenn wir nicht den 2. Februar hätten –, ich bin überzeugt, daß Joyce ein sehr lebensnaher Autor ist, kein Privatgelehrter und kein Eremit. Vielleicht war er einer, der das Leben von so nah anschaute, daß man es mitunter fast nicht mehr sah, einer der hinter allem etwas vermutete – auch hinter dem Unverständlichen.

So viel mal – so wenig. Ich wollte nicht mehr, als ihn erwähnen, damit er heute ein bißchen da ist und damit Sie vielleicht nach Hause gehn und die »Dubliners« zum Beispiel hervornehmen. Mich wundert aber schon, was sich der Gärtner auf dem Friedhof denkt, wenn er den Namen »Joyce« ausspricht und im Unterschied zu mir auch weiß, wann Joyce gestorben ist. Und ein bißchen stolz ist er ja auch auf ihn. Ich bin es auch – bestimmt nicht etwa als Schreiber, sondern als Leser. Joyce gehört zu uns. Und sollte einer kommen und ihn beschimpfen, weil er so blöd sei und irr und nur mit des Kaisers neuen Kleidern zu tun habe, dann stellen wir uns vor den Autor und sagen: Der gehört zu uns.

So einfach ist das, und es wäre schön, wenn es so einfach wäre. Was wir alle weder wissen noch einschätzen können – auch wenn wir die Hintergründe kennen – ist, wie er denn eigentlich zu uns gekommen ist, wie der Unverständliche Einlaß fand in die Literatur, wie es gekommen ist, daß wir uns um ihn bemühen. Sicher bemühen wir uns mit Genuß, aber der stellt sich erst ein, wenn man sich die Mühe nimmt, und dazu muß ein Autor vorerst mal in der Literatur sein.

Und das zweite: warum hat er geschrieben, verbissen und mühsam und jahrelang erfolglos? Wir haben uns wohl zu begnügen mit dem »widerwilligen Indianer« als Hinweis; ein zwingendes Motiv ist das noch lange nicht. Ohne Grund und ohne die geringste Berechtigung sind wir trotzdem ein bißchen stolz auf ihn, der heute hundert Jahre alt geworden wäre. Es ist unsere Sache, wenn wir ihn feiern, nicht seine. Denn wenigstens – ich zitiere ihn – schlossen seine Geschichten »Türen auf zur Flucht«.

Ich hatte geplant, vor Wochen, daß ich in dieser vierten Vorlesung über das Schreiben sprechen will, so zwischen »Warum schreibe ich« und »Wie schreibe ich«. Die spätere Entdeckung, daß heute der Geburstag von Joyce sei, gab mir Gelegenheit, mich an meinem Vorsatz vorbeizumogeln. Wenn schon, dann tu ich es auch weiter, und ich stelle auch fest, daß das, was ich über Joyce sagte, nicht das ist, was ich mir vorgenommen hatte, über ihn zu sagen. Ich hatte zwar die Absicht, ganz ernsthaft über ihn zu sprechen, und es ist mir auch ernst, aber der Sprachfluß ist stärker als der Inhalt: Die Erzählung gewinnt immer Oberhand.

Schreiben ist jedenfalls nicht einfach Niederschrift. Ich denke schreibend und ich denke mündlich nicht genau gleich, weil das Papier, das nach und nach aus der Schreibmaschine fließt, einen Umfang angibt: die Länge des schon Geschriebenen und vielleicht auch die Länge des noch zu Schreibenden. Wäre die Länge aber nur durch den Inhalt bestimmt – und das wäre ja das

Anständige und Ernsthafte – dann wäre alles zu wenig lang und zu lang.

Die Länge meiner Vorlesungen hier, das vereinfacht die Sache, ist festgelegt, diese Länge formt. Eine Geschichte hat immer ihre Zeit, und die Zeit ist nicht eine Sache, die von innen, sondern von außen bestimmt ist. Auch wenn es jetzt zu Ende wäre, alles zu Ende wäre, müßte es noch weitergehen, noch anderthalb Vorlesungen weitergehen.

Vieles, was ich Ihnen erzählt habe, habe ich vorher nicht gewußt. Es gab für mich vorher keinen Anlaß, hartnäckig zu behaupten, daß das Erzählen das wesentliche Merkmal einer Geschichte sei und nicht ihr Inhalt. Sie aber haben schon erkannt, wie stur ich in dieser Sache geworden bin. Ich bin mein eigenes Opfer, ich habe mich schreibend überlistet und gefangengenommen – so, wie sich ein Leser lesend überlisten kann. Der Leser nimmt sich gefangen, nicht die Literatur ihn. Auch das Instrumentarium, das sich Schriftsteller aneignen, ist ein Instrumentarium der Selbstüberlistung.

Diese Selbstüberlistung ist ein Ersatz für Motivationen. Die Frage heißt nicht: »Warum schreiben Sie?« Die Frage müßte heißen: »Wie überlisten Sie sich zum Schreiben?« Das heißt, die Frage müßte nicht gleich beim Huhn und beim Ei einsetzen, sondern eine Generation später.

Die Frage »Warum schreiben Sie?« ist leicht zu beantworten.

Ich schreibe, weil es eine Literatur gibt – oder: Ich schreibe, weil ich ein schlechter Fußballer bin – oder: Ich schreibe, weil ich ein widerwilliger Indianer bin. Oder, wenn ich die Frage für Friedrich Schiller beantworten darf: »Ich schreibe, weil ich den Geruch von faulen Äpfeln in der Nase habe.«

Ich haben den Schiller im Verdacht, daß er sich diese Äpfel nur so lange angewöhnt hat, bis sie zur Behauptung, zu einem unauflösbaren Zusammenhang mit seinem Schreiben geworden waren. Wer durch den Geruch von faulen Äpfeln zum Schreiben gezwungen wird, braucht sich um Motivationen nicht mehr zu kümmern. Er muß dann schreiben, auch wenn er im Grunde genommen nicht möchte.

Das Instrumentarium zur Selbstüberlistung kann sich aber auch rächen: mit Hilfe ihres Instrumentariums können sich Schriftsteller in Gefangenschaft setzen. Es ist nämlich ein hartnäckiges Gerücht, daß sich der Schreiber durch das Schreiben befreit, daß er sich zum Beispiel seine Sorgen vom Leib schreibt. Eher trifft das Gegenteil zu: er schreibt sich die Sorgen auf den Leib, denn der Vorgang des Schreibens ist nicht ein Vorgang von innen nach außen, es ist ein Vorgang von außen nach innen. Die Dinge, die Sorgen, die Ansichten kriegen ihr Gewicht dadurch, daß man sie beschreibt. Schreiben ist auch eine Art von Besitzergreifen: Geschriebenes kriegt man nicht mehr los.

Wenn ich zum Beispiel von meiner Großmutter, die ich nicht mochte, schlecht rede, ist das etwas anderes, als würde ich schlecht über sie schreiben, etwa in einem Familienbrief. Gesprochenes kann ich wegwischen, mit einem Witz, mit dem Hinweis auf Betrunkenheit, mit einer Geste des Unbedeutenden. Wenn ich es aufschreibe, erkläre ich es zu meinem Thema und nehme Besitz von einer Sorge, die mich mündlich nie besonders bedrückt hat. Es ist jetzt mein Thema und nicht nur Gesprächsstoff. Mündliche Reaktionen haben mit meinem Bewußtsein weniger zu tun als schriftliche. Schon deshalb kann ich nicht alles aufschreiben, was mir einfällt. Ich schreibe selektiv – selektiv im Sinne von ängstlich.

Damit meine ich Schreiben in jeder Form. Vielleicht kennen Sie das auch: es passiert mir immer wieder, daß ich Eintragungen in meinem Terminkalender nicht mehr interpretieren kann. Es ist mir plötzlich rätselhaft, was ein Stichwort bedeuten soll. Statt daß ich eine Sache einschreibe, schreibe ich die Eselsbrücke dazu, »Nußbaum« zum Beispiel. Das wäre mir beim Wiederlesen noch verständlich, wenn es etwa ein Versuch gewesen wäre, irgend etwas vor meiner Frau abzutarnen. Das war aber nicht meine Absicht, sonst könnte ich mich erinnern.

Irgendeinen Grund muß es also geben daß ich sogar die Nachrichten an mich selbst oft so verschlüßle, daß ich sie nicht mehr entschlüsseln kann – irgendwo stört mich die Wahrheit. In der Regel handelt es sich um Termine, die relativ bedeutungslos sind. Ich nehme mir zwar vor, sie wahrzunehmen, aber ich möchte sie mir nicht auf den Leib schreiben, ich möchte mich mit ihrem Besitz nicht belasten, sie nicht in Besitz nehmen.

Nach und nach baue ich mir einen Code, ein Verschlüsselungssystem auf, ohne daß es mir bewußt wird. Der Leser ist an den Umgang mit solchen Verschlüsselungen gewohnt. Wenn nötig, gebe ich ihm Hinweise und Auflösungen; ich versuche ja nicht, vor dem Leser abzutarnen – mit dem Leser möchte ich mich verständigen –, sondern ich versuche, vor mir abzutarnen.

Wenn sich alternde Schriftsteller vom Schreiben lösen, liegt das vielleicht nicht einmal daran, daß ihnen die Themen abhanden kommen oder die Potenz. Vielleicht haben sie sich längst den ganzen Leib vollgeschrieben, so voll, daß kein Platz mehr ist für Neues, daß sie den Buckel vollhaben und nichts Zusätzliches mehr tragen können. Schreiben ist in diesem Sinne auch eine Konditionsfrage, die Frage, wieviel ein Autor erträgt und zu tragen gewillt ist.

So oder so: bestimmt schreibt jeder Autor für Leser. Er wird zwar seine Probleme damit haben, was er seinem Leser zutrauen kann oder will, wie verständlich er bleiben, ob er also dem Leser die Freude am Entdecken nehmen will oder nicht. Immer aber wird er auf den Leser Rücksicht nehmen, und das kann auch Spaß machen: es ist ein äußerer Einfluß, der zu Veränderungen des Textes beiträgt.

Weit öfter kommt es vor, daß der Autor auf sich selbst Rücksicht nehmen muß. Mit Rücksicht auf sich selbst kann er nicht so schreiben, wie er müßte oder sollte oder wollte. Ich glaube auch, daß diese Rücksichtnahme und die Art ihrer Bewältigung wesentlich Stil und Stilbildung beeinflussen. Der Leser geht immer davon aus, daß der Autor genau das schreiben wollte, was er geschrieben hat.

Das »Warum schreibe ich?«, »Wie überliste ich mich?« beschäftigt auch Joseph Conrad im Vorwort zu »Der Verdammte der Inseln«, das er Jahre später seinem zweiten Roman beifügte:

»Für dieses Buch ist in der Tat ein Satz von Edward Garnett verantwortlich. Da er der erste Freund ist, den ich mir mit der Feder erworben habe, war es nur natürlich, daß ich mich ihm damals anvertraute. Eines

Abends, wir hatten miteinander gegessen, und er hatte sich die Schilderung meiner Ratlosigkeit angehört (ich fürchte, daß er das schon ein wenig satt bekam), wies er mich darauf hin, daß keine Notwendigkeit bestehe, meine Zukunft schon ein für allemal festzulegen. Dann fügte er hinzu: ›Sie haben den Stil, Sie haben das Temperament – warum schreiben Sie nicht noch eines?‹ Ich glaube, daß Edward Garnett sehr wünschte – soweit ein Mensch den Wunsch haben kann, das Leben eines anderen zu beeinflussen –, ich möge mit Schreiben fortfahren. Damals, und ich darf wohl sagen, immer seither, hat er mich sehr geduldig und milde behandelt. Was mir an dem eben zitierten Satz, der mir ganz gelassen dargeboten wurde, am meisten Eindruck machte, ist nicht so sehr seine aufgeklärte Milde, sondern die wirklich in ihm liegende Weisheit. Hätte er gesagt: ›Schreiben Sie doch weiter‹, so hätte er mich möglicherweise für immer von Feder und Papier verscheucht. Doch in dem schlichten Vorschlag, ›noch eines‹ zu schreiben, lag nichts, das Widerstreben oder Angst in mir hätte erwecken können. Und so wurde ein toter Punkt im Umlauf meiner Angelegenheiten auf listige Weise überwunden. Das Wort ›noch eines‹ bewirkte das. Um die elfte Stunde einer angenehmen Londoner Nacht durchwanderten Edward und ich endlose Straßen und besprachen viele Dinge, und ich weiß noch, daß ich, zu Hause angelangt, mich hinsetzte und vor dem Zubettgehen eine halbe Seite von ›Der Verdammte der Inseln‹ niederschrieb. Damit hatte ich mich entschieden, ich will nicht sagen für ein anderes Leben, aber doch zu einem anderen Buch.«

Ich verehre Joseph Conrad, er ist mir unter den Romanautoren der liebste – eigentlich der, den ich lange gesucht und vor einigen Jahren gefunden habe, sozusagen ahnend, daß es ihn geben muß.

Ich hatte schon als Kind meine Schwierigkeiten mit den Autoren von Kinderbüchern. Sie waren mir immer wieder zu naiv. Sie taten so, als seien sie für die Ungerechtigkeiten, die ihren Helden zustießen, nicht verantwortlich. Ich ärgerte mich, wenn der Held zu Unrecht angeklagt wurde, denn ich wußte, daß der Autor das ja auch wußte. Trotzdem unternahm er nichts oder schlimmer noch: in solchen Situationen war der Autor meist abwesend und ließ den Helden und mich im Stich.

Auch Joseph Conrad läßt dem Schicksal seiner Figuren erbarmungslos seinen Lauf; daran hatte ich mich als Leser nach und nach zu gewöhnen. Aber im Unterschied zu anderen Autoren war er im Augenblick der Katastrophe anwesend, er ließ mich nicht mit dem Opfer allein. Wenn Willems stockbetrunken und hilflos durch die staubige Straße eines Eingeborenendorfes wankt, dann scheint mir, daß hinter ihm ein Herr mit Gehrock und Hut namens Conrad geht und mich, den Leser, an der Hand führt, und wenn ich dem gestürzten Willems aufhelfen will, dann hält er mich zurück und sagt entweder »Der kommt schon wieder hoch« oder »Da ist nichts mehr zu machen«. Er zeigt die grauenhafte Konsequenz des Schicksals, aber er läßt mich als Augenzeuge nicht allein. Der Autor ist auf jeder Seite präsent.

Das nebenbei – und nun zum Zitat.

Für jeden, der das Geschäft des Schreibens kennt, muß die Aufforderung »Schreiben Sie noch eines« eine Wohltat sein.

Denn in der Regel heißt es ja »Schreiben Sie weiter«. Ich denke dabei an jene Torwächter der Literatur, die nach dem Erstling eines Autors nichts anderes zu tun haben, als darüber zu entscheiden, ob man ihn gleich reinlassen soll in die Literatur oder ob man sich ihn vorläufig vormerken soll als Kandidat oder für literaturunfähig erklären. Eines ist sicher, drinnen in der Literatur wird es nicht mehr heißen: »Schreiben Sie noch eines.« Da wird es heißen: »Schreiben Sie weiter.«

War vielleicht das Aufatmen von Conrad über den sanft vorgetragenen Wunsch seines Lesers das Aufatmen darüber, daß man schreiben könnte, ohne Schriftsteller werden zu müssen, ohne sich selbst auf den Leib schreiben zu müssen? War es ihm vielleicht gelungen, diese notwendige Rücksichtsnahme auf sich selbst mit Intelligenz zu lösen, mit der hartnäckigen, intelligenten Präsenz?

Soviel ich weiß, ist das private Leben Conrads, sein späteres Leben als Schriftsteller ohne große Tragödien, Anekdoten und Berichtenswertes verlaufen. Vielleicht ist das ein Hinweis. Eines scheint er mit Joyce gemeinsam zu haben: er kennt das Problem des »Sich-auf-den-Leib-Schreibens«, und beide scheinen eine bewußte Technik gesucht zu haben, es zu verhindern – der eine mit der Methode der Chiffrierung, der andere damit, daß er sich kühl und bewußt als Autor in die Geschichte stellt, in Gehrock und Hut, wie es mir scheint. Die offensichtlichere Methode, die Chiffrierung, scheint allerdings zu mehr autobiographischen Verstrickungen zu führen als das Erzählen einer Geschichte, die zwar in ihrer Farbigkeit und Größe wohl nur durch persönliches Erleben möglich wurde, aber erzählt wird mit einer Distanz, als sei sie nicht die Geschichte des Autors.

Joseph Conrad erzählt denn auch im Vorwort zu »Der Verdammte der Inseln«, daß er diesen Willems mal gesehen habe, daß da auch einiges gemunkelt wurde über ihn und daß er, der echte Willems, wohl ein zwielichtiger Mensch war, aber daß er, Conrad, von seinem weiteren Weg nichts wisse. Das Vorwort endet mit dem Satz: »Was nun auch aus dem wirklichen Willems geworden sein mag, niemand kann bestreiten, daß ich ihm in diesen Aufzeichnungen ein weniger trübes Schicksal bereitet hätte.«

Ich glaube nicht, daß es dem Joseph Conrad leicht fiel, diesen Satz niederzuschreiben. Er übernimmt damit die volle Verantwortung für ein Einzelschicksal, das er erfunden hat. Erfunden hat er allerdings nur das Einzelschicksal, das er beschreibt, und nicht das Leben, das solche Schicksale provoziert.

Meine Jugendbuchautoren waren nie bereit, diese Verantwortung zu übernehmen. Sie zogen sich auf das einfache »Das Leben ist halt so« zurück, und sie kannten die Angst, daß »es weit öfter vorkommt, daß das Leben die Kunst nachahmt« nicht. Conrad bekämpfte diese Angst, indem er sich ihr schreibend stellte, Joyce, indem er in das Schreiben flüchtete.

Beim Weggehen vom Friedhof habe ich übrigens dann doch einen anderen Gärtner gefragt, ob er wisse, wer denn dieser James Joyce sei. »Ein Engländer«, hat er gesagt. Wenn er damit gemeint hat, »nicht einer von hier, ein Fremder«, dann hatte er recht.

5. Vorlesung

Geschichten, die das Leben schrieb

Meine letzte Vorlesung hat einen Untertitel: »Der Sinn der Literatur«, und sie hat ein Motto von Oscar Wilde, das ich schon mehrmals erwähnt habe: »Es kommt weit öfter vor, daß das Leben die Kunst nachahmt als die Kunst das Leben.«

Den Titel habe ich aber nicht für Sie gesetzt, sondern für mich – nicht, um Sie zu überlisten, sondern um mich zu überlisten. Ich versuche, mich selbst zum Positivismus zu verführen.

Wäre meine Absicht eine pädagogische, ich müßte jetzt meine erste Vorlesung wiederholen, damit Sie feststellen könnten, ob meine Beispiele kräftig genug waren, um die Behauptungen der ersten Vorlesung zu decken. Aber meine Absicht ist keine pädagogische, sondern eine narrative. So bleibt mir nichts anderes übrig, als dasselbe noch einmal zu tun, aber mit anderen Wörtern. Literatur, davon bin ich überzeugt, ist Wiederholung. Die Geschichten dieser Welt sind geschrieben: in der Bibel, in den Geschichten der Chassiden, bei Homer. Wer Goethe liest und Adalbert Stifter und Fontane, der weiß nicht weniger über die Welt, als wer Heinrich Mann, Günter Grass und Martin Walser liest. Die Geschichten, die trotzdem immer wieder geschrieben werden, müssen nicht geschrieben werden, weil wir neue Geschichten brauchen. Sie müssen geschrieben werden, damit die Tradition des Erzählens, des Geschichtenschreibens nicht ausstirbt. Die alten Geschichten würden genügen um das Leben zu bestehen, aber wer möchte in einer Welt leben, in der nicht neue Geschichten geboren werden, in einer Welt leben, in der nur noch die Geschichte produziert wird und keine Geschichten mehr? Das hieße dann auch, ein Staat, eine Gesellschaft, die nur noch die Produkte der Schriftsteller fördern und nicht ihre Existenz, die geben die Literatur auf. Literatur ist etwas, das in seiner Produktion existiert und nicht einfach in seinen Ergebnissen, und das ist unter volkswirtschaftlichen Bedingungen schwer zu verstehen. Hie und da habe ich den Eindruck, daß dies die Nichtleser besser verstehen als die Leser, denn Literatur hat auch für Nichtleser ihre Existenz und ihre Notwendigkeit. Ich selbst habe absolut zufälligerweise noch nie Dostojewski gelesen; trotzdem ist er für mich präsent, und ich möchte ihn nicht missen.

Und wenn ich selbst Geschichten schreibe, dann messe ich mich mit niemandem. Daß Clemens Brentano bessere Geschichten geschrieben hat, das hält mich nicht ab davon, und daß es vielleicht schlechtere gibt, interessiert mich nicht. Ich trete als Schreiber mit niemandem in einen Wettbewerb, und wenn ich nachahme, Robert Walser zum Beispiel nachahme, dann deshalb, weil ich mich ins selbe Feld begeben habe, ins Feld der Literatur, und mich da umsehe. Es gibt vielleicht andere Autoren, die ich lieber nachahmen möchte, aber das kann ich mir leider nicht auswählen. Ich bin als Autor nicht frei; meine Freiheit als Leser macht mir wesentlich mehr Spaß. Ich bin kein Naturtalent. Ich habe das Geschichtenerzählen, das Geschichtenschreiben, das Geschichtenerfinden nur gelernt. Als ich auf die Welt kam, gab es das schon, und es war erlernbar.

Ich habe versucht, es an Goethe zu erklären. Wenn man es so versucht, wird man mitunter mißverstanden, ganz einfach deshalb, weil man nicht sagen kann: »Goethe zum Beispiel.« Goethes literarische Präsenz ist zu stark, als daß man ihn mit einem billigen »Zum Beispiel« für eigene Zwecke mißbrauchen könnte. Es bleibt mir also nichts anderes übrig, als es zum Schluß mit mir selbst zu versuchen.

Eine kleine Vorbemerkung: Sie gehen nicht fehl, wenn Sie die folgende Geschichte autobiographisch und nur autobiographisch verstehen. Aber verzichten Sie bitte darauf, mich auf Autobiographisches anzusprechen. Ich werde alles abstreiten und auf meinem Recht auf Fiktion beharren.

Hier die Geschichte aus den »Geschichten zur falschen Zeit« mit dem Titel »Meinem Kollegen – ohne Ironie – zum Fünfzigsten«:

»*Noldi ist ein Schriftsteller.*

Ein kleines, dickes Männchen mit gerötetem Gesicht, Fabrikarbeiter, gegenwärtig ohne Arbeit, er ist krank, muß nächstens ins Spital zu einer Operation, ein Nabelbruch, und er fürchtet sich sehr, denn nächstens wird er fünfzig, und er sagt, er möchte noch fünfzig werden, noch seinen fünfzigsten Geburtstag feiern.

Noldi ist sehr stolz darauf, daß er fünfzig wird. Er hält fünfzig für eine sehr hohe Zahl und fünfzig Jahre für ein ansehnliches Alter. Schon vor zwei Jahren sagte er, daß er in zwei Jahren fünfzig werde. Es fällt mir schwer, ihm mitzuteilen, daß man ihm sein Alter nicht ansehe – man sieht es ihm schwer an und schätzt ihn älter –, ich klopfe ihm auf die Schulter und sage: ›Noldi, prima‹, oder so etwas.

Sein fünfzigster Geburtstag wird daraus bestehen, daß er auf seinen kurzen Säbelbeinen durch die Stadt geht und jedem sagt, daß er Geburtstag habe, daß der Wirt ihm einen Zweier schenkt und daß er darauf bestehen wird, noch einen Halben bezahlen zu dürfen. Und er wird auch weinerlich werden, und er wird auch sagen, wer hätte das gedacht, daß der Noldi fünfzig wird.

Er spricht sehr undeutlich und nasal, und man muß seinen Satz einmal laut gehört haben, um ihn zu entziffern, wenn er ihn leise vor sich hinspricht: ›Und wenn ich gestorben bin, dann werden alle staunen.‹

Ich widerspreche ihm: ›Die werden nicht staunen – die staunen nie.‹ Wir sind Kollegen, wir verstehen uns, und uns versteht man nicht. Wir trinken noch ein Bier.

›Wer hätte das gedacht, daß ich noch zum Film komme‹, sagt Noldi. Ein Film wurde hier in der Stadt gedreht, und Noldi war Statist, aber er spielte nicht einfach irgend etwas, sondern einen Journalisten und mußte immer aufschreiben. Er weiß auch, wie der hieß, der den Film gemacht hat, Rolf Lyssi. Und in Zürich war er dann auch einmal beim Film, mit Elke Sommer, sagt er, und da war er ein Passant und hat fast hundert Franken bekommen, da mußte er sogar gehen, und das ist sehr schwer. Aber man hat ihm nicht gesagt, wie der Film heißt, und er hat ihn nicht gesehen. Aber eines Tages, wenn es niemand erwartet, auch er nicht, wird man ihn, Noldi, am Fernsehen vorbeigehen sehen. Es war nämlich sein Wunsch, zur Liebhaberbühne zu gehen. Aber die Mutter wollte das nicht. Er weiß sogar noch den Namen von einem Mann in Bern, der Stunden gab – Marc Doswald –, und er weiß auch, was man da tun mußte, sehr sehr deutlich und richtig Hochdeutsch

sprechen. Wie ich ihn frage, ob er denn einmal bei ihm gewesen sei, weicht er aus – denn Noldi lügt nicht – und sagt noch einen anderen Namen: Ekkehard Kohlund.

So ist er dann Schriftsteller geworden.

›Ich weiß, was du tust‹, hat er gesagt, als wir uns zum ersten Mal in einer Beiz trafen, ›du beobachtest, das tu ich nämlich auch, und meistens schreibe ich es auch in ein kleines Notizbuch, das habe ich heute nicht mit, aber das macht nichts. Ich habe alles in meinem Kopf.‹

›Nein, ich beobachte nicht‹, habe ich gesagt, ›ich trinke mein Bier.‹ Das nützte nichts – ertappt vom Kollegen, inzwischen Verschworene, die voneinander wissen, daß sie nicht einfach Bier trinken wie die andern, sondern daß sie beobachten.

Das hat er alles von seinem Lehrer, sagt er. Ich kannte ihn, diesen Lehrer, selbst ein Schriftsteller, ein Mundartautor. Jener scheint es versucht zu haben, seinen Schülern Respekt vor Schriftstellern beizubringen. Einer unter Hunderten scheint es begriffen zu haben, der kleine dicke Noldi, schlechter Turner, schlechter Rechner, der kleine dicke, säbelbeinige Noldi, zweithinterste Reihe – der hat es begriffen.

Schriftsteller sind arm – das hat er begriffen –, arm ist er auch. Schriftsteller sind verkannt – das hat er begriffen –, verkannt ist er auch. Und Schriftsteller leben anders – auch das hat er begriffen –, er lebt auch anders.

Es bleibt ihm, dem Noldi, nichts anderes übrig, als Schriftsteller zu werden, wenn er etwas werden will. Nun ist er es.

Und seine Geschichten unterscheiden sich wenig oder nicht von den Geschichten der Schriftsteller. Da gibt es seine Geschichte vom verlorenen Manuskript.

Er zeigt es an mit der Spanne zwischen Zeigefinger und Daumen – vierhundert Seiten schätze ich, ein fertiges Manuskript. Und dann kamen Ferienkinder, und die haben das Ganze mit Farbstiften vollgekritzelt, erzählt er. Er war mal verheiratet, aber davon erzählt er nicht, und es ist auch unvorstellbar.

Und dann die Geschichte: Nach meiner Operation schreibe ich, nach meinem Geburtstag schreibe ich, und immer wieder die Geschichte von den Ferienkindern, die alles vollgekritzelt haben, und ein trotziges Aufbäumen dazu: ›Ich habe alles, Wort für Wort, in meinem Kopf und werde es – morgen, übermorgen, nach meinem Geburtstag, nach meiner Operation – wieder schreiben.‹ Ich versuch ihn zu überreden, es bereits heute zu tun, nicht aus Freundschaft, sondern aus Bösartigkeit, denn ich weiß, daß er das von sich weisen wird, und er tut es.

Dann, nach einem weiteren Bier, sagt er: ›Doch, heute werde ich beginnen, ich spür's.‹ Und ich sage: ›Noldi, was wollen wir wetten, du tust es nicht.‹ Wir sind Kollegen.

Und ich habe ihn im Verdacht, daß er noch nie etwas geschrieben hat.

Er werde es tun, er werde es tun, er werde es tun, sagt er.

Und gestern hat er mir den Titel verraten. Vor einer halben Stunde war er ihm eingefallen: ›Dr verlornig Bode.‹

›Das ist gar nicht so leicht, Schriftsteller zu sein‹, haben wir festgestellt.

Noldi sagt: ›Mundart schreiben, das ist sehr schwer.‹ – ›Ich könnte es nicht‹ sage ich.

Und vielleicht werden die Leute staunen.

Und eines hat er mir voraus, er schreibt nicht über mich, und er bringt mich nicht in den Verdacht der Lächerlichkeit.

Noldi ist Schriftsteller – Schriftsteller haben es nicht leicht. Aber davon hat ihm schon sein Lehrer erzählt, und Noldi hat es ohnehin nicht leicht, also möchte er es zum mindesten sinnvoll nicht leicht haben. Noldi ist ein Schriftsteller.«

Diese Geschichte ist Wort für Wort wahr. Nicht das Geringste in ihr ist erfunden. Alle Sätze in direkter Rede sind wortwörtlich wiedergegeben – wobei das »Wortwörtlich« fraglich wird, weil ich die Sätze aus dem Schweizerdeutschen übersetzt habe, also protokolliert. Der Mann ist erkennbar, auch optisch, in meiner Beschreibung. Solothurn ist eine kleine Stadt, er ist also für alle Solothurner erkennbar. Er selbst allerdings erkennt sich nicht darin. Darüber bin ich froh.

Nichts also ist unwahr in dieser Geschichte, aber sie entspricht in fast nichts der Wahrheit. Noldi ist zwar ein armer Hund, und ich biete ihm meine Freundschaft an in Realität, weil ihm das Freude macht, aber er ist fast ungenießbar, schrecklich langweilig und leicht debil. Deshalb ist er Frührentner; in meiner Geschichte heißt das »gegenwärtig ohne Arbeit«. In meiner Geschichte wird er zur Figur: er ist keine, er ist nicht einmal ein Stadtoriginal. Das einzige sogenannt Außergewöhnliche an ihm, was mir aufgefallen ist und was mir Spaß machen mußte, war, daß er glaubt, ein Schriftsteller zu sein, und versucht, so zu leben, wie er glaubt, daß Schriftsteller leben. Wenn ich jetzt dazu verführt werde, zu behaupten, daß sich *sein* Schriftstellerseinwollen von meinem nur wenig unterscheidet, dann beginne ich schon wieder zu romantisieren und entferne mich vom Objekt. In der Geschichte, so glaube ich, habe ich das nicht getan.

Aber warum denn ist diese absolut wahre Geschichte nicht wahr?

Ich habe nur *etwas* verändert: die Zeit. Meine Geschichte ist 7½ Minuten lang, und Noldi ist 50 Jahre alt. Das ist, ich habe es ausgerechnet, 3 Millionen und 504 Tausend mal mehr.

Nun könnte man sagen, es gibt ja auch das Umgekehrte. Joyce – ich beginne mich einzuschießen – beschreibt in einem Roman von mehreren hundert Seiten nur gerade etwa einen Tag. Der Roman könnte aber zehnmal länger sein, und immer noch würde er die reale Zeit verkürzen.

Oder anders: damit, daß ich diesem Noldi eine Zeit gebe, eine Zeit von 7½ Minuten, damit gebe ich ihm eine Geschichte, und genau das – und nur das – unterscheidet ihn persönlich von meinem Geschriebenen. Er selbst hat keine Geschichte im Sinne von Geschichten. Er ist ein zeitloses Opfer. Wenn ich ihm eine Zeit gebe, dann wird er beachtenswert.

Und die Umkehrung: wenn ich ihm keine Zeit gebe, dann ist er nicht beschreibbar. Die Zeit aber – das habe ich schon einmal gesagt – ist nicht vom Inhalt bestimmt, sondern vom Erzählen. In diesem Fall entspricht die Länge genau jener einen Seite, die mir vom »Zürcher Tagesanzeiger« für eine Kolumne zur Verfügung gestellt wurde. Wären es 600 Seiten gewesen, an diesem Problem hätte das nichts, gar nichts geändert. Auch 600 Seiten wären eine Zeit, die von außen bestimmt ist. Ich hätte mich nicht gefragt, wieviel vom Leben haben auf 600 Seiten Platz, sondern ich hätte mich gefragt, wie – auf welche Weise – erzähle ich so lange darüber.

Noldis Geschichte ist keine Geschichte, die das Leben schrieb. Noldis Geschichte ist eine Geschichte, die *ich* schrieb, weil ich ihr die Zeit gegeben habe, die sie in Wirklichkeit gar nicht hat. Was aber seine Zeit hat – der Baum zum Beispiel, der im Herbst seine Blätter verliert, im Frühling blüht, seine Früchte trägt und wieder die Blätter verliert –, erleben wir als sinnvoll, und oft nicht nur als sinnvoll, sondern als Sinnbild. Was seine Zeit hat, ist ein Sinbild für die Endlichkeit und für unsere Traurigkeit darüber, und Noldi wird dabei und dadurch zum sentimentalen Gegenstand, was er in Wirklichkeit kaum ist.

Geschichten, die das Leben schrieb – ich biete einige zur Auswahl an:

Till Eulenspiegel wird verhaftet, weil man ihn des Mordes verdächtigt. Er kommt in Untersuchungshaft und in Haft, und die Justiz ist trotz der gegenteiligen Behauptung von Till mehr und mehr davon überzeugt, daß er an einem Mord beteiligt war. Till hat auch noch ein paar andere Sachen auf dem Kerbholz und bleibt vorerst mal fünf Jahre im Gefängnis. Am Ort des Verbrechens, in Berlin, macht man ihm den Prozeß. Till fällt diesmal durch einigermaßen Wohlverhalten auf: es fällt auf, weil dies in früheren Prozessen nicht seine Art war. Er verzichtet vorerst auf sein Schlußwort, meldet sich aber anderntags vor dem Plädoyer des Staatsanwaltes doch noch zu Wort und erklärt nun endlich, nach fünf Jahren, daß er ein Alibi habe. Er sei zu jener Zeit nicht in Berlin, sondern in Essen gewesen. Sein Alibi ist hieb- und stichfest; er wird in dieser Sache freigesprochen.

Die Länge der Originalgeschichte: fünf Jahre – das heißt, sich fünf Jahre auf einen kleinen Gag freuen. Soweit Till Eulenspiegel.

Die zweite Geschichte: Ein Lebenslänglicher beginnt mit seinem Eßbesteck aus Blech von seiner Zelle aus einen Tunnel zu graben: jede Nacht die Platte wegheben, jeden Morgen die Platte zurück, in Papiertüten die Erde beim täglichen Spaziergang rausschmuggeln und so weiter. Das Unternehmen ist auf zehn Jahre geplant, kann nach neun Jahren entdeckt oder nach zwölf Jahren erfolgreich sein.

Und mehr Geschichten: Einer baut den Mailänder Dom in irgendeinem Maßstab detailgetreu mit verleimten Streichhölzern nach.

Eine Familie baut sich unter schwierigsten materiellen Verhältnissen einen Heißluftballon. Das letzte Streifchen Tuch im Haushalt wird dazu verwendet, Material ergattert, geklaut, zusammengesucht: ein Leben für einen Heißluftballon, mit dem man schließlich – er fliegt – über die Staatsgrenze flüchtet.

Mein Sohn Matthias hielt sich als Kind für einige Zeit in einem offenen Körbchen unter dem Bett eine große, grauenhafte Ratte. Ich hätte keinen Anlaß gehabt, ihm das zu gestatten.

Einer geht jahrelang jeden Tag, bei jedem Wetter auf einen Berg, nach Feierabend, drei Stunden Marsch, und trägt jedesmal einen großen Stein mit sich. Nach vielen Jahren hat er eine riesige Pyramide gebaut. Er äußert sich nicht dazu und möchte nicht darauf angesprochen werden.

Und eine letzte ganz kurze Geschichte: Einer überquert den Atlantik auf einem Surfbrett.

Diese Geschichten haben eines gemeinsam, und das erst macht sie zu Geschichten: die Zeit ist ein wesentliches Element in ihnen. Sie haben ein bewußtes Verhältnis zur Zeit: fünf Jahre sein Alibi verschweigen für eine kurze Szene vor Gericht, zehn Jahre einen Tunnel graben, in so und so vielen Arbeitsstunden den Mailänder Dom rekonstruieren, Zeit erleben durch das bewußte Zusammenleben mit einer Ratte. Es sind wahre Geschichten, sie haben sich zugetragen. Aber sind es denn wirklich Geschichten, die das Leben schrieb? Das Schicksal? Der Zufall?

Der Mann, der mit dem Surfbrett den Atlantik überquert – nehmen wir mal an, es gehe ihm nicht um Publicity, das wäre ja vorstellbar –, dieser Mann glaubt von sich selbst, er stelle ein Abenteuer her. Was er aber herstellt, ist nicht ein Abenteuer; dafür ist sein Vorhaben auch zu stur oder zu langweilig. Er stellt nicht ein Abenteuer her, sondern eine Abenteuergeschichte. Sein Wissen, daß es Geschichten gibt, Erzählbares, ist im Grunde die Motivation für sein Handeln. Ich meine damit nicht, daß er durch Inhalte von Geschichten dazu gebracht wurde, von Abenteuergeschichten etwa. Ihre äußere Form, die Existenz des Erzählens bewegt ihn, und dazu genügen schon die Geschichten, die man von der Mutter erzählt bekommen hat. Ich behaupte aber nicht, daß dieser Mann das weiß.

Der andere – Fritz Teufel –, der sein Alibi fünf Jahre lang für sich behält, der weiß es. Der ist bewußt dabei, eine Geschichte, eine reale Geschichte herzustellen. Er setzt für diese Geschichte fünf Jahre ein: fünf Jahre warten auf die Pointe, auf die er sich freut. Und die Geschichte wird keine lange Geschichte, sondern eine ganz kurze. Selbst diese Raffung ist der Literatur nachgeahmt – nicht einem bestimmten Inhalt von Literatur, sondern ihrem Prinzip. Und diese Geschichte schließlich, diese kleine Geschichte und viele andere mehr, die er auch lebt und herstellt, lassen ihn fünf Jahre gelassen ertragen.

Ich glaube, es war Jean-Paul Sartre, der in einem Essay – die Quelle konnte ich nicht aufspüren – die Feststellung machte, daß die Schwachen Folterungen und Qualen besser ertragen als die Starken, daß es eher die Schwachen waren, die die Torturen von Lager und Gefangenschaft durchstanden – vielleicht, ich weiß nicht, auch deshalb, weil die Schwachen eine nähere Beziehung zu Geschichten haben als die Starken. Ich habe schon davon gesprochen.

Literatur als Lebenshilfe also? Der Verdacht besteht mit Recht, daß sie das unter Umständen von ihren Inhalten her sein kann, aber sie ist es viel mehr in ihrer Existenz überhaupt. Daß es das Erzählen gibt, daß es uns vordemonstriert wird, das läßt uns unsere eigenen Geschichten herstellen. Wir können uns deshalb im stillen unsere eigenen Geschichten erzählen, in Geschichten leben.

Der Gefangene, der seinen Tunnel gräbt, der gräbt ihn, um rauszukommen. Aber ich glaube nicht, daß er es zehn Jahre lang, Papiertüte für Papiertüte, tun würde, nur um sein Ziel zu erreichen. Er gräbt sich nicht nur in die Freiheit, er gräbt auch an seiner eigenen Geschichte, er stellt eine Geschichte her. Ein Revolutionär, der ein Ziel vor Augen hat, das er erreichen will mit und nach der Revolution, lebt nicht nur für sein Ziel, er lebt auch in dieser Revolution, und er lebt in ihr, indem er sie sich erzählt. Unser Leben wird dann sinnvoll, wenn wir es uns erzählen können.

Die rasante, spannende Abenteuergeschichte hat in diesem Sinne einen doppelten Nachteil. Sie erweckt den Eindruck, nur Außergewöhnliches sei erzählbar, und sie suggeriert dem Leser, sein eigenes Leben sei ohne dieses Außergewöhnliche sinnlos. Das heißt aber nicht, daß man keine Abenteuergeschichten erzählen kann. Wenn Joseph Conrad erzählt, wird der Leser entdekken, daß es dem Autor nicht einfach um Inhalt, sondern um die Reflexion, um das Erzählen und um die Methode des Erzählens geht.

Im Gegensatz dazu betrügen Trivialautoren ihre Leser dadurch, daß sie nur Inhalte vermitteln. Der Leser lernt bei ihnen nur das Zuhören, das Erzählen lernt er nicht, weil in der Regel über das Erzählen gar nicht reflektiert wird. Auch das schale Gefühl, das wir etwa nach der Lektüre eines simplen Kriminalromans haben, kommt daher, daß mit der Auflösung der Story das Ganze weg ist, nicht mehr existiert. Es hallt kein Erzählton nach – ein Erzählton zum Beispiel, in dem ein begeisterter Adalbert-Stifter-Leser noch stunden- und wochenlang leben kann. Unter Umständen kann er diesen Erzählton, diese Erzählatmosphäre benutzen, um sich sein eigenes Leben zu erzählen.

Wer nur in der Geschichte lebt – im Sinne von Historik – und nicht in Geschichten, dessen Leben wird sinnlos – ein Problem etwa für den erfolgreichen Revolutionär: was seine Geschichten waren während der

Revolution, wird hinterher zur Geschichte, zu jener Geschichte, auf die man nun alle verpflichtet, auch ihn. Vielleicht scheitern erfolgreiche Revolutionen auch daran. Vielleicht hat das ein Trotzki gewußt.

Es ist für mich als Schweizer – weil ich das nicht gekannt habe – fast erschreckend, wie alte Männer hier in Deutschland mit ihren Kriegsgeschichten umgehen. Als der Krieg zu Ende war, waren sie junge Leute, und sie entschieden sich, die Kriegsjahre als verloren zu bezeichnen. Wenn man jung ist, kann man leicht sechs Jahre wegschmeißen. Wenn man alt ist, dann fehlen sie plötzlich, und der eine beginnt zu erzählen, er will die Jahre erzählend zurück, der andere schweigt oder erzählt Geschichten, die nicht seine sind. Ich bin überzeugt, daß der Soldat, der den Rußlandfeldzug überlebt hat, ihn auch sich selbst erzählend überstanden hat. Seine Geschichten aber sind Jahre später nicht mehr erzählbar, weil sie nicht nur Geschichten sind, sondern auch entsetzliche Geschichte.

Geschichte und Politik betrügen mitunter die Leute auch um ihre Geschichten. Wer etwa den Präsidenten eines großen Landes, Ronald Reagan, mitunter als Cowboy bezeichnet, der verniedlicht ihn, denn das Wort »Cowboy«, hier in Europa ausgesprochen, erweckt den Eindruck, daß ein Cowboy einer sei, der in Geschichten lebe. Der Cowboy als Präsident will aber nicht in Geschichten leben, sondern in *der* Geschichte – und das macht Menschen unberechenbar. Es führt auch dazu, daß es uns mitunter schwerfällt, in Politikern Menschen zu erkennen. Die Geschichte ist den Geschichten feindlich, und nur in Geschichten sind Menschen zu erkennen.

Vielleicht ist es auch so, daß die Geschichten jenen feindlich sind, die nichts anderes kennen als einen historischen Auftrag. Der Inhalt der Geschichten, der literarischen Geschichten, mag mitunter angepaßt und staatsopportun sein; trotzdem ist schon das Erzählen an und für sich, das Sich-selbst-Erzählen, etwas Subversives.

Jedenfalls habe ich den Eindruck, daß jene, die nur *die* Geschichte kennen, die Neigung haben, Geschichten zu verhindern. Die Eulenspiegelgeschichte zum Beispiel, die Fritz Teufel sich selbst erzählend gelebt hat, war noch gestattet, weil sie gegen kein Gesetz verstieß. Vielleicht gibt es nur deshalb noch kein entsprechendes Gesetz, weil solche Geschichten einmalig sind. Wären sie häufiger, ich bin sicher, man würde sie verbieten, weil sie den Lauf des Rechts und den Lauf des Staates und den Lauf der Geschichte hindern könnten.

Der Poet habe Sand im Getriebe der Welt zu sein und nicht das Öl, hat Günter Eich einmal gesagt. Er hat das in einer Zeit gesagt, in der kaum jemand Zweifel hatte am technischen Fortschritt, und er hat es wohl kaum umweltschützerisch gemeint. Aber wenn das Getriebe der Welt zu schnell läuft, bleibt keine Zeit mehr für Geschichten, dann kann man sich das Leben nicht mehr erzählen. Das ist auch – um ein Schlagwort zu gebrauchen – ein Verlust an Lebensqualität: nicht daß das Leben nicht mehr erzählenwert wäre, sondern daß uns die Zeit und die Technik fehlen, es zu erzählen.

Techniken des Erzählens zu erfinden und vorzuschlagen, das ist im Grunde genommen die Aufgabe der Literatur. Die Geschichten müssen nicht literarische Geschichten sein. Es gibt Geschichten ohne Wörter:

hier ein Beispiel, und für diese Geschichte hätte ich sogar ein paar Zeugen unter meinen Zuhörern.

Als ich vor zwei Wochen nach der Vorlesung und nach dem Seminar mit ein paar Studentinnen und Studenten in der Kneipe saß, kam einer jener Männer auf uns zu, die man in New York als »bums« bezeichnet, bei uns wohl als Gammler – eine Bezeichnung, so scheint mir, die falsche Bilder weckt –, also einfach einer jener Schnapser, die das Geld für ihren Schnaps zusammenbetteln und dabei versuchen, einen recht freundlichen und sauberen Eindruck zu machen, aber selbst wissen, daß ihnen der Alkohol ins Gesicht geschrieben steht.

Dieser Mann trug in der Hand ein großes, dickes Buch. Diagonal über die Ecken war es wie eine Pralinenschachtel mit einem lila Bändchen eingebunden, in das Bändchen eingesteckt war ein Sträußchen Vergißmeinnicht. Er zeigte das Buch mit jener Bewegung, auch mit jenem Lächeln, mit der die Kellner Champagner präsentieren, sagte irgend etwas wie, daß die Blumen Wasser brauchten, sprach von einer einmaligen Gelegenheit und verlangte einen Preis von zehn Mark.

Das Buch war aus dem Trödel: »Tiere haben das Wort, Geschichten aus dem Leipziger Zoo.« Aber das spielt keine Rolle; ich nehme an, daß der Mann das selbst nicht wußte. Bemerkenswerter ist, daß er es gleich auf mich abgesehen hatte. Man sah ihm an, daß er gleich wußte, daß ich das Buch kaufen werde, und ich kaufte es.

Wie konnte dieser Schlaumeier ahnen, daß es Leute gibt, die so etwas Unnötiges und absolut Wertloses kaufen? Woran erkennt er diese Leute? Woran erkennt er mich? Woher weiß er, daß ich einer bin, der jede Geschichte kauft, und daß mich nichts reut für eine Geschichte?

Ich meine jetzt nicht Bücher, ich meine Geschichten. Denn was dieser Mann hergestellt hat mit seinem lila Band, dem Buch und den Vergißmeinnicht, das ist äußerlich und formal eine Geschichte. Es ist sentimental – deshalb vermuten wir eine Geschichte, eine traurige oder eine schöne Geschichte. Aber hier ist es nur ein Trick, der Trick eines Bettlers, der durch Zufall oder Wissen entdeckt hat, daß man Leute schon rühren kann mit nur der äußeren Form einer Geschichte. Sein Objekt ist so etwas wie die bildliche Darstellung der äußeren Form einer Geschichte.

Selbstverständlich sind Inhalte nötig, damit ich diese äußere Form als Geschichte erkenne. Wenn ich gesagt habe, daß der Inhalt der Träger der Form und nicht etwa die Form der Träger des Inhalts sei, dann plädiere ich auch für die Wichtigkeit des Inhalts. Selbst die optisch hergestellte Geschichte des Schnapsers erkenne ich erst als die äußere Form einer Geschichte, wenn ich entsprechende Inhalte kenne: aus Hunderten von Geschichten, die die Literatur und die das Leben schrieb, und das sind sentimentale Geschichten, und die äußeren Formen dieser Geschichten, die Gefäße, haben nach und nach den Geruch der Sentimentalität angenommen. Nur deshalb kann ich mit äußeren Formen Inhalte signalisieren. Und wenn ich meine Geschichten im Alltag suche, die Leute anschaue und die Umgebung, dann suche ich ja nicht eigentlich die Geschichten, sondern ich suche Signale für Geschichten. Ich suche Gesichter und Haltungen und Bewegungen, die Geschichten signalisieren.

Der Bettler hat offensichtlich eine Ahnung davon: von der Existenz des Erzählens, von der Existenz der Literatur. Jene Leute, die Blumen verkaufen, abends im Restaurant, die verkaufen ja auch nicht einfach schöne Blumen. Niemand wird sie kaufen, weil er sagt: »Ach ja, ich brauche unbedingt Blumen und kann mir nun den Weg ins Blumengeschäft ersparen.« Die Blumenverkäufer im Restaurant versuchen auch, äußere Formen von Geschichten zu verkaufen – oder besser: die Utensilien zur Herstellung von äußeren Formen von Geschichten. Der Jüngling, der unbedingt eine Honda kaufen will, kauft sich dieses Motorrad ja nicht als Transportmittel, sondern als Mittel zur Herstellung von Geschichten. Ob das Mittel dann tauglich ist dazu oder untauglich, das ist eine andere und eine traurige Geschichte. In die Gesichter der Menschen sind nicht nur jene Geschichten geschrieben, die sie durchlebt haben, sondern viel mehr und deutlicher jene Geschichten, die sie herstellen möchten.

Was war nun zuerst, das Huhn oder das Ei? Die Sache oder das Prinzip? Das Erzählen oder die Literatur?

Die Frage ist nur dann ein Unsinn, wenn man sie ganz am Anfang beantworten will. Wir wissen ja, daß wir das mit dem Huhn und dem Ei nicht schaffen werden. Sicher ist nur, daß alles, was wir als Erzählen oder als Geschichte erkennen, einer erzählerischen Tradition entspringt. Wir erkennen die Geschichten nicht an ihrem Inhalt, sondern an ihrer literarischen Tradition. Die Geschichten sind nur deshalb Geschichten, weil sie uns an Geschichten erinnern. Alles, was uns nicht an

Geschichten erinnert, erkennen wir nur als Ereignis. Dabei ist es eine Aufgabe der Literatur, immer mehr und mehr Ereignisse in die Literatur einzubringen, immer mehr Ereignisse als Geschichten erkennbar zu machen. Ich bin überzeugt, daß wir im 20. Jahrhundert – und nicht nur wir Leser, sondern auch die Nichtleser – wesentlich mehr Ereignisse als Geschichten erkennen können als etwa die Zeitgenossen Goethes.

Das scheint mir eine wesentliche Aufgabe der Literatur zu sein: dafür zu sorgen, daß wir nicht nur *die* Geschichte, sondern auch die *Geschichten* erkennen können. Es geht nicht einfach nur um das Erkennen von Realität, es geht darum, die Realitäten in eine humane Tradition einzubringen, in die Tradition des Erzählens. Die Frage der 68er nach der Relevanz der Literatur hatte ihren falschen Ansatz darin, daß es lediglich eine Frage nach den Inhalten war und nicht die Frage nach dem Erzählen an und für sich. Ich weiß nicht, ob die Diskussion zu anderen Resultaten gekommen wäre, hätte man nach dem Erzählen gefragt. Das Dogma vom »Historischen Bewußtsein« könnte erschüttert werden durch das »Erzählerische Bewußtsein«. Die Literatur hat die Aufgabe und den Sinn, die Tradition des Erzählens fortzusetzen, weil wir unser Leben *nur* erzählend bestehen können. Die Frage, ob das Natur sei oder ob wir uns das nur in Hunderten von Jahren angewöhnt haben, ist irrelevant.

Trotzdem, ich bleibe bei meiner Behauptung, daß die Literatur ein Nebenbei sei. Wäre sie es nicht, ich fürchte, die Politiker würden ihr fatales Verhältnis zur Geschichte auch auf die Geschichten ausdehnen und uns das Allerletzte nehmen. Ist das, was auf der Startbahn West geschieht, nicht vielleicht auch ein Kampf zwischen Geschichte und Geschichten, zwischen historischem Bewußtsein und erzählerischem Bewußtsein? Ist die Angst der Startbahngegner vielleicht nicht auch die Angst davor, daß ihnen die Geschichte die Geschichten stiehlt, ohne die sie nicht leben können?

Ich weiß nicht, wie eine friedliche Gesellschaft ohne Aggression, ohne Wettbewerb aussehen würde und wie man sie herstellen könnte. Von einer Sache bin ich aber überzeugt: es wäre eine erzählende Gesellschaft und nicht eine historisierende. Die friedlichen, aggressionsfreien und erzählfreudigen Balinesen haben mich in dieser Überzeugung bestätigt. Jedes Leben ergibt eine Geschichte, wenn man es erzählen kann: diese Einsicht hat vielleicht ein Leser von Homer noch nicht gehabt, aber sicher ein Leser von Nabokov, ein Leser von Frisch, ein Leser von Beckett. Es hat einen Sinn, daß weitergeschrieben wird, denn durch das Weiterschreiben werden weitere Leben erzählbar.

Es gibt religiöse Sinnerklärungen des Lebens und es gibt philosophische. Die Literatur ist die kategorische Sinnvollerklärung. Weil ich erzählen kann, bin ich, und weil ichs erzählen kann, stehe ichs durch. Das Leben retten werden uns die Geschichten allerdings nicht. Sie machen es nur erträglich. Die Frage zum Beispiel, ob die Selbstmordquote unter Lesern höher sei als unter Nichtlesern – ich habe die Frage in meiner ersten Vorlesung gestellt –, die Frage bleibt. Und die Endlichkeit des Lebens bleibt und die Traurigkeit darüber.

Damit schließt mein Kreis. Bei der Traurigkeit habe ich begonnen: gerade da, wo uns Geschichten nicht helfen können, gerade da haben sie ihren Ursprung. Erzählen ist unökonomisch, also erfolglos. Und es gibt Tausende, die an ihrer eigenen Geschichte, die sie sich erzählt haben, verbrannt sind: Janis Joplin, Jimmy Hendrix, Lester Young, Charlie Parker, Billie Holiday, Nicolas de Staël, Dylan Thomas, Brendan Behan, Heinrich von Kleist und weitere Hunderte mit Namen und viele Tausende ohne Namen. Wer sich auf das Erzählen einläßt, der tut es nicht, um sein Leben zu retten, er tut es, um sein Leben zu leben.

Nicht nur Leser tun es, auch Nichtleser. Nicht nur die Leser sind darauf angewiesen, daß es eine Tradition des Erzählens gibt, genannt Literatur, sondern auch die Nichtleser. Insofern kann es doch wichtig sein, daß in der Schule, in der Literaturgeschichte die Namen, die Stichwörter der Literatur genannt werden, auf die Existenz des Erzählens, der Geschichten aufmerksam gemacht wird – um doch noch etwas Freundliches zu sagen über die Germanistik.

»That's it« hat Janis Joplin gesagt nach der Aufnahme ihres wunderbaren Songs vom Mercedes-Benz – und dann hat sie gekichert.

Meine Damen, meine Herren, liebe Freunde, ich danke Ihnen. Ich habe mich zu Anfang sehr gefürchtet vor Ihnen, aber Sie waren sehr lieb, und ich habe Sie liebgewonnen, weil ich gemerkt habe, daß man Ihnen Geschichten erzählen darf. Sie haben etwas getan, was wir alle viel mehr tun müßten: Sie haben mir meine Geschichten gestattet. Die Welt würde besser aussehen, wenn wir unserem Freund und unserer Freundin, wenn wir unserer Frau und unserem Mann und unseren Kindern ihre Geschichten gestatten würden – und unserem kranken Nachbarn auch.

Inhalt

Peter Bichsel
Eigentlich möchte Frau Blum
den Milchmann kennenlernen
21 *Geschichten*
76 Seiten
Bibliothek Suhrkamp 1125 und
suhrkamp taschenbuch 2567

Eigentlich möchte Frau Blum den Milchmann kennenlernen ist die heute klassisch geltende Sammlung von Lesestücken, mit der dem Autor etwas für seine und unsere Zeit Einmaliges gelungen ist: auf lakonische, fast emotionslose, genau beobachtende und dabei dennoch anrührende Weise alltägliche Begebenheiten aufzuzeichnen und ihnen Geschichten zu »entnehmen«, von denen jede die Welthaftigkeit und Tiefe eines Epos besitzt.
»Peter Bichsel ist ein Poet. Das wußte man schon nach seinem ersten Buch«, erinnerte sich Max Frisch 1981, auf die 1964 erstmals erschienenen Geschichten anspielend, die gewissermaßen über Nacht den Ruhm von Peter Bichsel begründeten.

Peter Bichsel
Zur Stadt Paris
Geschichten
115 Seiten. Leinen
Bibliothek Suhrkamp 1179

Mit *Zur Stadt Paris* ist Peter Bichsel ein Geschichtsbuch gelungen, das uns Lesern – mal in kurzen Zügen, dann wieder mit längerem Atem – davon erzählt, daß es gerade das Kleine, das Minimale, das unscheinbar vor Augen liegende ist, das uns, beobachtet man es genau oder läßt es einfach sprechen, alles über uns verrät.

Peter Bichsel
Kindergeschichten
96 Seiten
suhrkamp taschenbuch 2642

Sieben Geschichten für große und kleine Kinder, für Leser, die nicht aufgehört haben zu fragen, was wäre, wenn. Sieben Geschichten, in denen sonderbare Käuze, scheiternde, lächerliche Rebellen, Nachfahren des Ritters von der traurigen Gestalt es wagen, der Unabänderlichkeit des Bestehenden Schwierigkeiten zu machen.
Peter Bichsels Geschichten werden zu Recht mit Johann Peter Hebels *Kalendergeschichten* verglichen: wie diese verführen sie, spielerisch, zum Denken. Otto F. Walter formuliert es so: »Peter Bichsels Kindergeschichten werden, Auflage für Auflage und Jahr für Jahr, von Sechs- wie von Siebzigjährigen gelesen, verstanden auf je den verschiedensten Stufen des Verstehens, und sie werden weitererzählt. Sie sind, bei aller subtilen Gebrochenheit, bei all ihrem hochartifiziellen Charakter, ein Volksbuch (neuen Typs).«

Peter Bichsel
Gegen unseren Briefträger konnte man nichts machen
Kolumnen 1990-1994
248 Seiten. Leinen (1995)

»Peter Bichsel stellt Nachdenkstücke vor uns hin wie Würfel – alle gleich groß. Ein kleiner Bericht, eine Beobachtung, ein Gedanke gibt den Ton an, bis eine Drehung das angeschlagene Thema verschiebt und man darüber ins Sinnen gerät. Dann ist das Ziel des Autors erreicht … Nur ja nichts Außerordentliches, Hochgestochenes. Dafür vielerlei genaue Fragen und vielerlei bedenkenswerte Antworten.«

Beatrice von Matt, Neue Zürcher Zeitung

Frankfurter Poetik-Vorlesungen
in der edition suhrkamp

Becker, Jurek: Warnung vor dem Schriftsteller. Drei Vorlesungen in Frankfurt. es 1601

Buch, Hans Christoph: Die Nähe und die Ferne. Bausteine zu einer Politik des kolonialen Blicks. es 1663

Dedecius, Karl: Poetik der Polen. Frankfurter Vorlesungen. es 1690

Johnson, Uwe: Begleitumstände. Frankfurter Vorlesungen. es 1820

Kirchhoff, Bodo: Legenden um dem eigenen Körper. Frankfurter Poetikvorlesungen. es 1944

Lenz, Hermann: Leben und Schreiben. Frankfurter Vorlesungen. es 1425

Mayer, Hans: Gelebte Literatur. Frankfurter Vorlesungen. es 1427

Meckel, Christoph: Von den Luftgeschäften der Poesie. Frankfurter Vorlesungen. es 1578

Muschg, Adolf: Literatur als Therapie? Ein Exkurs über das Heilsame und das Unheilbare. es 1065

Nizon, Paul: Am Schreiben gehen. Frankfurter Vorlesungen. es 1328

Pastior, Oskar: Das Unding an sich. Frankfurter Poetik-Vorlesungen. es 1922

Rühmkorf, Peter: agar agar – zaurzaurim. Zur Naturgeschichte des Reims und der menschlichen Anklangsnerven. Textillustrationen vom Autor. es 1307

Sloterdijk, Peter: Zur Welt kommen – Zur Sprache kommen. Frankfurter Vorlesungen. es 1505

Wellershoff, Dieter: Das Schimmern der Schlangenhaut. Existentielle und formale Aspekte des literarischen Textes. Frankfurter Poetik-Vorlesungen. es 1991

319/1/3.96

Literaturwissenschaft
in den suhrkamp taschenbüchern

Ingeborg Bachmanns »Malina«. Herausgegeben von Andrea Stoll. st 2115

Ball, Hugo: Hermann Hesse. Sein Leben und sein Werk. st 385

Barthes, Roland: Fragmente einer Sprache der Liebe. Aus dem Französischen von Hans-Horst Henschen. st 1586

– Die helle Kammer. Bemerkungen zur Photographie. Übersetzt von Dietrich Leube. st 1642

Bell, Quentin: Virginia Woolf. Eine Biographie. Aus dem Englischen von Arnold Fernberg. st 753

Berliner Geschichten. »Operativer Vorgang Schwerpunkt Selbstverlag«. Eine Autoren-Anthologie: wie sie entstand und von der Stasi verhindert wurde. Herausgegeben von Ulrich Plenzdorf, Klaus Schlesinger und Martin Stade. st 2256

Bertaux, Pierre: Friedrich Hölderlin. st 686

Die besten Bücher. 20 Jahre Bestenliste des Südwestfunks. Herausgegeben von Jürgen Lodemann. st 2492

Bohn, Volker: Deutsche Literatur seit 1945. Texte und Bilder. st 2485

Chalfen, Israel: Paul Celan. Eine Biographie seiner Jugend. st 913

Dichter und ihre Nation. Herausgegeben von Helmut Scheuer. st 2117

Drewermann, Eugen: Das Individuelle verteidigen. Zwei Aufsätze zu Hermann Hesse. Mit einem Nachwort von Volker Michels. st 2458

Die Erotik des Pfirsichs. Japanische Schriftsteller und Schriftstellerinnen, porträtiert von Manfred Osten. Mit Fotografien von Mario Ambrosius. st 2515

Freedman, Ralph: Hermann Hesse. Eine Biographie von Ralph Freedman. Aus dem Amerikanischen von Ursula Michels-Wenz. st 1827

Kaiser, Gerhard: Geschichte der deutschen Lyrik. Band 2: Von Heine bis zur Gegenwart. Ein Grundriß in Interpretationen. 3 Teilbände in Kassette. Mit einem Textbeiheft. stm. st 2107

Karalaschwili, Reso: Hermann-Hesse-Studien. st 2156

Kleine, Gisela: Zwischen Welt und Zaubergarten. Ninon und Hermann Hesse: Leben im Dialog. st 1384

Essays über Karl Kraus. Herausgegeben von Sigurd Paul Scheichl. st 1819

Lovecraft, Howard Phillips: Die Literatur der Angst. Zur Geschichte der phantastischen Literatur. st 2422

Lützeler, Paul Michael: Hermann Broch. Eine Biographie. st 1578

Mayer, Hans: Außenseiter. st 736

– Georg Büchner und seine Zeit. st 58

– Thomas Mann. st 1047

259/1/11.95

Literaturwissenschaft in den suhrkamp taschenbüchern

Mayer, Hans: Der Turm von Babel. Erinnerung an eine Deutsche Demokratische Republik. st 2174
– Die unerwünschte Literatur. Deutsche Schriftsteller und Bücher 1968-1985. st 1958
– Das unglückliche Bewußtsein. Zur deutschen Literaturgeschichte von Lessing bis Heine. st 1634
– Weltliteratur. Studien und Versuche. st 2300
– Wendezeiten. Über Deutsche und Deutschland. st 2421
Michael, Friedrich / Hans Daiber: Geschichte des deutschen Theaters. st 1665
Muschg, Adolf: Gottfried Keller. st 617
Painter, George D.: Marcel Proust. Eine Biographie. 2 Bde. Deutsch von Christian Enzensberger und Ilse Wodtke. st 561
Puhl, Widmar: Dichter für die Freiheit. Von der subversiven Kraft der Literatur in Osteuropa. st 2173
Scheerer, Thomas M.: Mario Vargas Llosa. Eine Monographie. st 1789
Schreibende Frauen. Frauen – Literatur – Geschichte. Vom Mittelalter bis zur Gegenwart. Herausgegeben von Hiltrud Gnüg und Renate Möhrmann. st 1603
Sternberger, Dolf: Heinrich Heine und die Abschaffung der Sünde. Mit einem Nachtrag von 1975. st 308
Unseld, Siegfried: Der Autor und sein Verleger. st 1204
Vargas Llosa, Mario: Die Wahrheit der Lügen. Aus dem Spanischen von Elke Wehr. Erstausgabe. st 2283
Walser, Martin: Auskunft. 23 Gespräche aus 26 Jahren. Herausgegeben von Klaus Siblewski. Erstausgabe. st 1871
– Beschreibung einer Form. Versuch über Kafka. st 1891
Die ZEIT-Bibliothek der 100 Bücher. Herausgegeben von Fritz J. Raddatz. st 645
Die ZEIT-Bibliothek der 100 Sachbücher. Herausgegeben von Fritz J. Raddatz. st 1074

259/2/11.95

suhrkamp taschenbücher
Eine Auswahl

Capote: Die Grasharfe. st 1796
Carpentier: Explosion in der Kathedrale. st 370
– Die Harfe und der Schatten. st 1024
Carroll: Schlaf in den Flammen. st 1742
Celan: Gesammelte Werke in fünf Bänden. st 1331/1332
Cioran: Syllogismen der Bitterkeit (1952). st 607
Clarín: Die Präsidentin. st 1390
Cortázar: Bestiarium. st 543
– Die Gewinner. st 1761
– Ein gewisser Lukas. st 1937
– Rayuela. st 1462
Dalos: Die Beschneidung. st 2166
Dorst: Merlin oder Das wüste Land. st 1076
Duerr: Sedna oder die Liebe zum Leben. st 1710
Duras: Hiroshima mon amour. st 112
– Der Liebhaber. st 1629
– Der Matrose von Gibraltar. st 1847
– Sommerregen. st 2284
Eich: Fünfzehn Hörspiele. st 120
Eliade: Auf der Mântuleasa-Straße. st 1826
Elias: Mozart. st 2198
– Über den Prozeß der Zivilisation. Soziogenetische und psychogenetische Untersuchungen. st 2259
Enzensberger: Ach Europa! st 1690
– Gedichte. st 1360
– Mittelmaß und Wahn. st 1800
Enzensberger: Zukunftsmusik. st 2223
Federspiel: Geographie der Lust. st 1895
– Die Liebe ist eine Himmelsmacht. st 1529
Feldenkrais: Abenteuer im Dschungel des Gehirns. st 663
– Bewußtheit durch Bewegung. st 429
– Die Entdeckung des Selbstverständlichen. st 1440
– Das starke Selbst. st 1957
Fleißer: Abenteuer aus dem Englischen Garten. st 925
– Eine Zierde für den Verein. st 294
Frisch: Gesammelte Werke in zeitlicher Folge. 7 Bde. st 1401-1407
– Andorra. st 277
– Homo faber. st 354
– Mein Name sei Gantenbein. st 286
– Montauk. st 700
– Stiller. st 105
– Der Traum des Apothekers von Locarno. st 2170
Fromm / Suzuki / Martino: Zen-Buddhismus und Psychoanalyse. st 37
Fuentes: Nichts als das Leben. st 343
Gandhi: Mein Leben. st 953
García Lorca: Dichtung vom Cante Jondo. st 1007
Goetz: Irre. st 1224
Gulyga: Immanuel Kant. st 1093
Handke: Die Angst des Tormanns beim Elfmeter. st 27

265/2/11.93

265/3/11.93

265/4/11.93

suhrkamp taschenbücher
Eine Auswahl

Museum der modernen Poesie. st 476
Neruda: Liebesbriefe an Albertina Rosa. st 829
Nizon: Im Bauch des Wals. st 1900
Nooteboom: In den niederländischen Bergen. st 2253
– Mokusei! Eine Liebesgeschichte. st 2209
O'Brien: Der dritte Polizist. st 1810
Onetti: So traurig wie sie. st 1601
Oz: Bericht zur Lage des Staates Israel. st 2192
– Black Box. st 1898
– Eine Frau erkennen. st 2206
– Der perfekte Frieden. st 1747
Paz: Essays. 2 Bde. st 1036
– Gedichte. st 1832
Penzoldt: Idolino. st 1961
Percy: Der Idiot des Südens. st 1531
Plenzdorf: Legende vom Glück ohne Ende. st 722
– Die neuen Leiden des jungen W. st 300
Poniatowska: Stark ist das Schweigen. st 1438
Praetorius: Reisebuch für den Menschenfeind. st 2203
Proust: Auf der Suche nach der verlorenen Zeit. 10 Bde. st
Puig: Der Kuß der Spinnenfrau. st 869
– Der schönste Tango der Welt. st 474
Ribeiro: Brasilien, Brasilien. st 1835
Rochefort: Zum Glück gehts dem Sommer entgegen. st 523
Rodoreda: Auf der Plaça del Diamant. st 977
Rothmann: Stier. st 2255
Rubinstein: Nichts zu verlieren und dennoch Angst. st 2230
Russell: Eroberung des Glücks. st 389
Sanzara: Das verlorene Kind. st 910
Semprún: Die große Reise. st 744
– Was für ein schöner Sonntag. st 972
Sloterdijk: Der Zauberbaum. st 1445
Späth: Stilles Gelände am See. st 2289
Sternberger: Drei Wurzeln der Politik. st 1032
Strugatzki / Strugatzki: Die häßlichen Schwäne. st 1275
– Eine Milliarde Jahre vor dem Weltuntergang. st 1338
Tendrjakow: Die Abrechnung. st 965
Unseld: Der Autor und sein Verleger. st 1204
– Begegnungen mit Hermann Hesse. st 218
Vargas Llosa: Der Geschichtenerzähler. st 1982
– Der Hauptmann und sein Frauenbataillon. st 959
– Der Krieg am Ende der Welt. st 1343
– Lob der Stiefmutter. st 2200
– Tante Julia und der Kunstschreiber. st 1520

265/5/11.93

265/6/11.93